Grammatische Fachausdrücke für den Sprachunterricht

herausgegeben von A. Raasch
in Zusammenarbeit mit
R. Baur, M. Bludau, E. H. Buchholtz,
K.-D. Bünting, I. Christ, D. Czeczatka,
F. Denninghaus, H.-C. Günther,
G. Holtus, W. Hüllen, H.-W. Klein,
H. Kleineidam, L. Kosobokowa,
Th. Lewandowski, G. Menzel,
R. Specht, H. Stammerjohann

D1727365

Ernst Klett Verlag

ISBN 3-12-520822-X

1. Auflage.　　　　　　　　15 4 3 2 1 / 92 91 90 89 1988

Inhaltsverzeichnis

Zur Einführung

Das Anliegen

Die vorliegende Zusammenstellung grammatischer Fachausdrücke für den Sprachunterricht will helfen, häufigen Schwierigkeiten und Mißverständnissen im Sprachunterricht vorzubeugen. Sie will als Überblick und zur Orientierung dienen und das sprachübergreifende Verständnis fördern. Sie will aber *nicht* dazu beitragen, den Anteil und das Gewicht der Grammatik, d. h. der Sprachbetrachtung und Sprachbeschreibung im Sprachunterricht zu erhöhen.

Das Konzept

Angesichts der Vielfalt grammatischer Fachausdrücke und ihrer unterschiedlichen Interpretationsmöglichkeiten ist der Wunsch nach einer *Vereinheitlichung* naheliegend und verständlich. Seiner Realisierung steht aber u. a. folgendes entgegen:

– Jedes Fach hat seine eigenständige wissenschaftliche *Tradition*, die in den linguistischen Sprachbeschreibungen ihren Niederschlag gefunden hat und auch der Ausbildung der Lehrenden zugrunde liegt.

– Auch bleiben die Konzepte der Sprachbetrachtung, die in den jeweiligen *Zielsprachenländern* erarbeitet wurden, nicht ohne Einfluß.

– Hinzu kommt, daß auch die *didaktischen* und *methodischen* Vorstellungen, die für die einzelnen Fächer entwickelt wurden, in den spezifischen Terminologien ihren Niederschlag finden.

– Nicht zuletzt wirken *Lehrpläne* und *Curricula* auch terminologisch in den Unterricht hinein.

Diese Argumente, denen weitere angefügt werden könnten, sprechen für ein Konzept, das nun nicht einfach eine fächerübergreifende und verbindliche Vereinheitlichung vorsieht, sondern das die erwähnten Eigenständigkeiten der einzelnen Sprachen in einen übersichtlichen Gesamtrahmen eingliedert.

Die nachstehenden Listen weichen also dort, wo es sinnvoll ist, in einzelnen Einträgen voneinander ab, sind aber gleichwohl stets aufeinander beziehbar. Dem Lehrenden wird es auf diese Weise möglich, Bezüge über die Fachgrenzen hinaus herzustellen und das Vorwissen seiner Schüler aus gleichzeitig oder vorher erlernten Sprachen sinnvoll zu nutzen.

„Gesamtrahmen" kann selbstverständlich nicht heißen, daß Vollständigkeit angestrebt wird; sollte es Vollständigkeit überhaupt geben, könnte sie der praktischen Verwertbarkeit der Zusammenstellung nur entgegenstehen. Gerade auf Wirkung in der Praxis des Unterrichts aber ist die vorliegende Veröffentlichung orientiert.

Beschränkung auf Wesentliches ist unser durchgängiges Prinzip, wobei sich das, was wesentlich ist, zugleich aus sprachbeschreibender und aus sprachvermittelnder Sicht definiert.

Die Grenzen des Wesentlichen lassen sich theoretisch nur *näherungsweise* bestimmen, nämlich

- aus den (freilich sehr unterschiedlichen) Lernzielen,
- aus den (ebenfalls sehr heterogenen) Lehrplänen für die jeweiligen Fächer in den einzelnen Bundesländern,
- aus den (zugegeben: subjektiven) Erfahrungen von Fachleuten der Sprachbeschreibung und der Sprachvermittlung
- und aus den Arbeiten zu praktischen Grundbeständen.

Mancher Leser wird aus seiner (wiederum subjektiven) Sicht in Einzelfällen möglicherweise andere Einträge erwarten. Die Autoren der vorliegenden Veröffentlichung sind für Anregungen und Vorschläge dankbar.

Schließlich soll einem naheliegenden Mißverständnis entgegengetreten werden: Die erwähnte Beschränkung auf Wesentliches ist unter keinen Umständen so zu interpretieren, als sollten die hier vorgelegten Listen nun Gegenstand und Inhalt des Unterrichts werden. Was in der konkreten Unterrichtssituation wesentlich ist, entscheiden und verantworten die Lehrenden jeweils selbst.

Die Fachausdrücke, die in den einzelnen Fächern gängig sind, entstammen keinen einheitlichen Modellen. Sie entsprechen in vielen Fällen auch nicht den Anforderungen, die eigentlich an Termini gestellt werden müßten, da sie nämlich i.a. nicht eindeutig definiert sind.

Das *eklektische Verfahren* didaktischer Grammatiken und die fehlende Präzision in der Definition der Begriffe und ihrer Bezeichnungen sind theoretisch und auch praktisch gegenwärtig nicht zu überwinden. Wir wollen nicht behaupten, daß dieser Eklektizismus ein erstrebenswerter Zustand wäre und daß der Mangel an terminologischer Präzision durch die daraus entstehende Flexibilität im Umgang mit den Fachbezeichnungen aufgewogen würde. Wir meinen

aber, daß die Probleme der Lehrenden und Lernenden in der Praxis des Unterrichts es erforderlich machen, die terminologische Vielfalt so übersichtlich und durchsichtig zu präsentieren wie möglich.

Die *Hilfe*, die diese Zusammenstellung geben will, besteht also in folgendem:
- Ein Fachausdruck oder eine sprachliche Erscheinung kann im Rahmen des Gesamten lokalisiert werden, ihr Status aufgezeigt werden.
- Einzelne Fachausdrücke bzw. sprachliche Erscheinungen können (sprachintern oder sprachübergreifend) miteinander verglichen werden.
- Subsysteme können identifiziert und sprachübergreifend miteinander in Bezug gesetzt werden.
- Benennungsverfahren (z. B. muttersprachliche vs. zielsprachliche, „lateinische" vs. „deutsche" Terminologien) können miteinander verglichen werden.
- Die Zusammenstellun kann auf die Problematik grammatischer Terminologien (Nicht-Eindeutigkeit, Nicht-Vergleichbarkeit, mangelnde Systematik der Synonyme, große Anzahl von Homonymen) aufmerksam machen und damit auch für die Problematik des Metadiskurses sensibilisieren, d. h. zur Vorsicht im Umgang mit den Fachausdrücken mahnen.

Die Erarbeitung

Entsprechend dem Konzept, einen Gesamtrahmen zu erstellen, der die Ergebnisse von Überlegungen in Sprachbeschreibung *und* Sprachdidaktik zusammenfaßt und der für eine Reihe wichtiger Schulsprachen brauchbar ist, haben die nachstehend aufgeführten Autoren zusammengearbeitet:

Professor Dr. R. Baur, Essen
Oberstudiendirektor M. Bludau, Höxter
Studienrat E. H. Buchholtz, Bochum
Professor Dr. K.-D. Bünting, Essen
Ltd. Regierungsschuldirektorin Dr. I. Christ, Düsseldorf
Ministerialrat D. Czeczatka, Kiel
Professor Dr. F. Denninghaus, Bochum
Wiss. Ass. Dr. H.-C. Günther, Freiburg
Professor Dr. G. Holtus, Trier
Professor Dr. W. Hüllen, Essen
Professor Dr. H.-W. Klein, Aachen
Professor Dr. H. Kleineidam, Duisburg
Dozentin L. Kosobokowa, Bochum
Professor Dr. Th. Lewandowski, Köln
Studiendirektor G. Menzel, Kiel
Professor Dr. A. Raasch, Saarbrücken
Regierungsschuldirektor R. Specht, Saarbrücken
Professor Dr. H. Stammerjohann, Frankfurt.

Den Genannten gilt für die geduldige Zusammenarbeit der Dank des Herausgebers, dem selbstverständlich die Verantwortung für die endgültige Fassung der Zusammenstellung verbleibt.

Ausgangspunkt der Überlegungen in dieser Arbeitsgruppe war das „Verzeichnis grundlegender grammatischer Fachausdrücke", das von dem Schulausschuß der Ständigen Konferenz der Kultusminister 1982 „zustimmend zur Kenntnis genommen" worden ist. Der Zweck dieses „Verzeichnisses" war es, „Anhaltspunkte zu geben für die Konzeption von Lehrplänen und Schulbüchern für das Fach Deutsch" (Vormerkungen).

Aufgrund dieser Veröffentlichung haben sich die Autoren bemüht, die Belange der verschiedenen sprachlichen Fächer zu definieren und vergleichbar zu machen. Intensive Diskussionen fanden u.a. auf dem Kongreß der Gesellschaft für Angewandte Linguistik, GAL, in Köln 1982, in mehreren Kolloquien an der Universität-Gesamthochschule Essen sowie im Kreis von Fachleuten des FMF (Fachverband Moderne Fremdsprachen) statt.

Als Zwischenergebnis der Überlegungen wurde 1983 die Veröffentlichung „Grammatische Terminologie" vorgelegt (Reihe FORUM ANGEWANDTE LINGUISTIK Nr. 1, Tübingen: Narr Verlag. Hrsg. A. Raasch). Vor dem darin definierten theoretischen Hintergrund übernahmen die sprachspezifisch arbeitenden Gruppen den Auftrag, den für die einzelnen Fächer gegebenen Bedarf an „wesentlichen" Fachausdrücken zu ermitteln und sich bei der Zusammenstellung (soweit es plausibel erschien) an das „Verzeichnis" der Kultusministerkonferenz zu halten.

Die vorliegende Zusammenstellung

Das Ergebnis der Arbeiten umfaßt die sprachspezifischen Listen zu den Fächern Deutsch, dann (in alphabetischer Reihenfolge) die fremdsprachlichen Fächer Englisch, Französisch, Italienisch, Latein, Russisch und Spanisch sowie eine Gesamtübersicht, die den Gesamtrahmen abbildet und als Register dienen kann.

Im einzelnen enthalten diese Listen folgendes:

Die Liste für das Fach *Deutsch* führt links die gängigen (weitgehend „lateinischen") Fachausdrücke auf, rechts daneben die „deutschen" Termini, wie sie oftmals z. B. in der Grundschule verwendet werden.

Die Listen für die *fremdsprachlichen Fächer* haben (abgesehen vom Lateinischen) ebenfalls zwei Spalten, und zwar links die deutsch-lateinischen Fachausdrücke und rechts die zielsprachlichen Äquivalente (für den einsprachigen Unterricht bzw. für die nur in der Fremdsprache zu bezeichnenden spezifischen Spracherscheinungen).

Die *Gesamtübersicht* enthält links die Gesamtheit der in allen Listen in der linken Spalte vorkommenden Fachausdrücke und gliedert sie nach derselben Systematik wie die Einzellisten. In der rechten Spalte finden sich *Angaben*, in welchen sprachlichen Listen die Fachausdrücke vorkommen. Diese Gesamtübersicht bildet also gleichzeitig das Register für die Zusammenstellung.

Alle Listen sind im Aufbau gleich, ohne inhaltlich voll identisch zu sein. Auch dort, wo bestimmte sprachliche Ausdrücke bzw. Inhalte fehlen, sind die Kapitel systematisch durchnumeriert (siehe z.B. Abschnitt 2, „Artikel", in der Liste für das Fach Latein), um die Vergleichbarkeit zu ermöglichen und die Orientierung zu erleichtern.

Adressaten der Veröffentlichung

Dieses Büchlein wendet sich an Lehrende im schulischen und im außerschulischen Bereich, an die Autoren von Lehrmaterialien aller Art sowie an die Planer, Verfasser und Verwalter von Curricula und Lehrplänen, ferner an Studierende der sprachlichen Fächer.

Es ist für diejenigen bestimmt, die über die entsprechenden sprachlichen und sprachbeschreibenden Kenntnisse verfügen oder die wissen, wie und wo sie sich die entsprechenden Informationen beschaffen können. Diese Veröffentlichung selbst ist kein Lehrbuch der grammatischen Terminologie und auch kein terminologisches Wörterbuch, sondern lediglich ein Inventar, stellt also das Rohmaterial zur Verfügung, das von den genannten Personen nach eigener Verantwortlichkeit verwendet werden soll.   *A.R.*

Weiterführende Lektürempfehlungen

Arbeitskreis zur Abstimmung der
grammatischen Terminologie
Entwurf einer Basisliste grammatischer
Fachausdrücke
Berichte und Materialien B-80/7
Landesstelle für Erziehung und
Unterricht, Stuttgart (1980)

K.-H. Bausch, S. Grosse (Hrsg.)
Grammatische Terminologie in Sprach-
buch und Unterricht
(Reihe Sprache der Gegenwart, Band 39,
Institut für Deutsche Sprache)
Düsseldorf: Schwann, 1987

A. Bohlen
„Zur Vereinheitlichung der grammatischen Terminologie"
In: *Die Neueren Sprachen*, Beiheft 5
(1959), p. 84-86

K.-D. Bünting, W. Eichler
Grammatische Grundbegriffe
Hannover: Schroedel Schulbuchverlag,
1984

H. Gipper
„Muttersprachliche Wirkungen auf die
wissenschaftliche Begriffsbildung und
ihre Folgen"
In: *Archiv für Begriffsgeschichte* 9 (1964),
p. 243-259

H. Glinz
Die Sprachen in der Schule
Skizze einer vergleichenden Satzlehre
für Latein, Deutsch, Französisch und
Englisch
Düsseldorf: Pädagogischer Verlag
Schwann, 1965

H.-E. Klenner
„Die Terminologie der lateinischen
Grammatik und der moderne Sprach-
unterricht"
In: *Praxis des neusprachlichen*
Unterrichts 15 (1968), p. 154-158

K. -H. Körner
„Das Problem der linguistischen
Terminologie"
In: *Romanistisches Jahrbuch* 19 (1968),
p. 34-47

J.-P. Leduc-Adine, J. Vergnaud (ed.)
La terminologie grammaticale
Langue Francaise 47 (septembre 1980)

M. Lehnert
„Zur Terminologie in der Sprach-
wissenschaft"
Unter besonderer Berücksichtigung
der englischen und amerikanischen
Linguistik
In: *Zeitschrift für Anglistik und Ameri-*
kanistik 18 (1970), H. 4, p. 341-354

P. Lerat
„La nomenclature grammaticale"
In: *Le francais dans le monde* 164 (1981),
p. 20-21

A.Raasch (Hrsg.)
Grammatische Terminologie
Vorschläge für den Sprachunterricht
(Forum angewandte Linguistik Band 1)
Tübingen: Gunter Narr Verlag, 1983

G. Rössler
„Der Stand der Vorarbeiten zum KLEW –
Linguistische Terminologie im euro-
päischen Sprachenvergleich"
In: *Linguistische Berichte* 59 (1979),
p. 91-100

Deutsch (D)

1.7   Satzzeichen

Punkt
Semikolon   Strichpunkt
Komma
Fragezeichen
Ausrufezeichen
Doppelpunkt
Gedankenstrich
Anführungszeichen
Bindestrich
Trennungszeichen
Apostroph   Auslassungszeichen
Klammer

2   Wortlehre

2.1   Wortbildung

Stamm
Ablaut

Präfix   (Vorsilbe)
   trennbar
   nicht trennbar

Suffix   (Nachsilbe)
   („Präfixe" und „Suffixe" sind Wortbil-
   dungselemente, „Vorsilben" und „Nach-
   silben" sind dagegen lautliche Einheiten,
   die deswegen nicht alternativ zu den vorher genannten Termini gebraucht werden
   können. Z.B. *Lei-tung* (Silbe), *Leit/ung*
   (Morpheme).)

abgeleitetes Wort

zusammengesetztes Wort
   (Hier kann die Unterscheidung von
   „Bestimmungswort" und „Grundwort"
   hilfreich sein (Rechtschreibung, Wahl des
   Artikels).)

2.2   Wortarten

flektiert   gebeugt
unflektiert   nicht gebeugt

2.2.1 Nomen, Substantiv   Namenwort, Hauptwort

Anmerkung: „Substantiv" bezeichnet i.a.
eineUntergruppe der Nomina. „Nomen"
sollte dem Terminus „Substantiv" aus
folgenden Gründen vorgezogen werden:
– weiterer Gebrauch in den Termini
  „Nomiminalgruppe", „Pronomina" u.a.
– Möglichkeit der Verwechslung von
  „Substantiv" und „Subjekt"
– Ahnliche Termini in Fremdsprachen
  (E: *noun*; F: *le nom*).

Deklination   Beugung

Genus   grammatisches Geschlecht
  Maskulinum   männlich
  Femininum   weiblich
  Neutrum   sächlich

Numerus
  Singular   Einzahl
  Plural   Mehrzahl

Person

Kasus   Fall
  Nominativ   1. Fall, Werfall
  Genitiv   2. Fall, Wesfall
  Dativ   3. Fall, Wemfall
  Akkusativ   4. Fall, Wen-/Wasfall

Eigenname

Numerus
  Singular
  Plural

Person

Kasus
  Nominativ
  Genitiv
  Dativ
  Akkusativ

2.2.2 Artikel   Geschlechtswort

  bestimmt
  unbestimmt

2.2.3 Pronomen

Fürwort

   als Stellvertreter
   als Begleiter

Personalpronomen	persönliches Fürwort
Reflexivpronomen	rückbezügliches Fürwort
Demonstrativpronomen	hinweisendes Fürwort
Possessivpronomen	besitzanzeigendes Fürwort
Interrogativpronomen	Fragefürwort
Relativpronomen	Bezugsfürwort, bezügliches Fürwort
Indefinitpronomen	unbestimmtes Fürwort

Anmerkung zu 2.2.2 und 2.2.3:

(Zur Erklärung siehe F)

2.2.2 Begleiter des Nomens:

Artikel	Geschlechtswort
bestimmt	
unbestimmt	
Pronomen	Fürwort
Demonstrativpronomen	hinweisendes Fürwort
Possessivpronomen	besitzanzeigendes Fürwort
Interrogativpronomen	Fragefürwort
Indefinitpronomen	unbestimmtes Fürwort
(dazu zählen die indefiniten	
Numeralien; andere begleitende	
Numeralien zählen zu den Adjektiven)	

2.2.3 Stellvertreter des Nomens:

Pronomen	Fürwort
Personalpronomen	persönliches Fürwort
Reflexivpronomen	rückbezügliches Fürwort
Demonstrativpronomen	hinweisendes Fürwort
Possessivpronomen	besitzanzeigendes Fürwort
Interrogativpronomen	Fragefürwort
Relativpronomen	Bezugsfürwort, bezügliches Fürwort
Indefinitpronomen	unbestimmtes Fürwort

2.2.4 —

2.2.5 Numerale

Numerale	Zahlwort
Kardinalzahl	Grundzahl
Ordinalzahl	Ordnungszahl

2.2.6 Adjektiv   Eigenschaftswort, Wiewort

        Komparation   Steigerung
        Grundstufe, Positiv
        Komparativ   Vergleichsstufe
        Superlativ   Höchststufe

        attributives Adjektiv
        z.b. das gute Buch
        prädikatives Adjektiv
        z.b. das Buch ist gut
        adverbiales Adjektiv
        z.b. das gut geschriebene Buch

2.2.7 Verb   Tätigkeitswort, Zeitwort

        Vollverb

        Hilfsverb

        reflexives Verb

        Konjugation   Beugung
        Stammform
          regelmäßig
          unregelmäßig
        Personalform, finite Verbform
          (Die finite Verbform schließt auch
          umschriebene Formen ein, bei denen
          die Personalform im Hilfsverb ent-
          halten ist.)
        infinite Verbform
          Infinitiv   Grundform
          Partizip Präsens, Partizip I   Mittelwort der Gegenwart
          Partizip Perfekt, Partizip II   Mittelwort der Vergangenheit

        Person
        Aktiv
        Passiv

        Modus
        Modalverben
        Modalpartikel

        potential
        irreal
        potential

Indikativ	Wirklichkeitsform
Konjunktiv	Möglichkeitsform
Konjunktiv I	
Konjunktiv II	
Imperativ	Befehlsform
Tempus	
Präsens	Gegenwart
Präteritum, Imperfekt	einfache Vergangenheit
Perfekt	vollendete Gegenwart
Plusquamperfekt	vollendete Vergangenheit
Futur I	Zukunft
Futur II	vollendete Zukunft

Zeit, Zeitstufe, Zeitverweis
  Gegenwart
  Vergangenheit
  Zukunft

Anmerkung: Das Tempus meint nur
die Verbform; die Zeit entspricht der
Bedeutung. Man kann z.b. mit dem
Präsens auf verschiedene Zeiten
verweisen:
Ich komme. (Gegenwart)
Ich komme morgen. (Zukunft)
*Gestern gehe ich in die Stadt und
treffe ...* (Vergangenheit)
Wasser kocht bei 100 Grad. (allgemeine
Geltung)

Zeitverhältnis, Zeitenfolge
  gleichzeitig
  vorzeitig
  nachzeitig

2.2.8 Adverb	Umstandsbestimmung
2.2.9 Präposition	Verhältniswort
2.2.10 Konjunktion	Bindewort
nebenordnend, gleichordnend	
unterordnend	
2.2.11 Interjektion	Ausrufewort

2.2.12 —

3 Satzlehre

3.1 Satzglied

Nominalgruppe, Substantivgruppe
Präpositionalgruppe, präpositionaler
Ausdruck
Verbalgruppe

Prädikat
Anmerkung:
Zugrunde gelegt wird hier der enge
Prädikatsbegriff, der nur das finite
Verb meint. Wenn man mit dem
weiten Prädikatsbegriff arbeiten will,
der die ganze Verbalgruppe um-
schließt, also die Objekte und etwaige
notwendige adverbiale Bestim-
mungen, dann hat man als funktio-
nalen Begriff für das finite Verb den
„Prädikatskern" zur Verfügung.
Der deutsche Ausdruck „Satzaussage"
meint das ganze weite Prädikat, also
alles außer dem Subjekt, und kann
deshalb als Übersetzung des engen
Prädikatsbegriffs nicht verwendet
werden.

Ich *gebe* dir das Buch morgen.
(enges Prädikat)

Ich *habe* dir das Buch *gegeben*.
(enges Prädikat)

Ich *gebe dir das Buch* morgen.
(weites Prädikat)

Ich *habe dir das Buch gegeben*.
(weites Prädikat, von der Verb-
klammer/Prädikatsklammer
eingeschlossen)

Ich *gebe dir das Buch morgen*.
(Satzaussage)

ist-Prädikation
prädikative Ergänzung, Prädikativ,
Prädikatsnomen

Kopula

Subjekt

Satzgegenstand

Objekt
Genitivobjekt
Dativobjekt
Akkusativobjekt
Präpositionalobjekt

Satzergänzung
Satzergänzung im 2. Fall
Satzergänzung im 3. Fall
Satzergänzung im 4. Fall

Adverbiale Bestimmung
temporal
lokal
direktional
modal

Umstandsbestimmung
der Zeit (wann ? wie lange ?)
des Ortes (wo ?)
der Richtung (wohin ? woher?)
der Art und Weise und des
Mittels (wie ? womit ?)

kausal	des Grundes (warum ?)
konditional	der Bedingung (unter welcher Bedingung ?)
konzessiv	des wirkungslosen Gegengrundes/der Einräumung (obwohl...)
konsekutiv	der Folge (folglich...)
final	des Zwecks und Ziels (wozu ?)
adversativ	des Gegensatzes (anstatt, daß...)
komparativ	des Vergleichs (wie...)
Attribut	Beifügung
Apposition	Beistellung im gleichen Fall

3.2   Satz

einfacher Satz
    Kurzsatz, Ellipse
komplexer Satz

übergeordneter Satz
untergeordneter Satz
nebengeordneter Satz

Satzreihe
Satzgefüge

Hauptsatz

Gliedsatz
    (*Gliedsatz* steht für Satzglied,
    deshalb nicht *Nebensatz*)

Subjektsatz
Objektsatz
Adverbialsatz
Prädikativsatz
Attributivsatz, Attributsatz

indirekter Fragesatz
Konjunktionalsatz
Relativsatz

Partizipialsatz
Infinitivsatz

direkte Rede, wörtliche Rede
indirekte Rede

Redeerklärung

Kongruenz

Wortstellung, Satzgliedstellung
  Inversion

Satzarten
  Aussagesatz
  Fragesatz
    Entscheidungsfrage
    Ergängungsfrage, W-Frage
  Aufforderungssatz, Wunschsatz
  Ausrufesatz

4 Semantik, Bedeutungslehre

Bedeutung
  denotative Bedeutung   Grundbedeutung
  konnotative Bedeutung   Nebenbedeutung

sprachliches Zeichen
semantisches Merkmal   Bedeutungsmerkmal

Oberbegriff
Unterbegriff

Synonym   sinnverwandtes Wort
Antonym   Gegenwort
Homonym   gleichklingendes Wort

Wortfeld
Sachfeld
Wortfamilie

Metapher   übertragene Bedeutung

Erbwort
Lehnwort
Fremdwort

5   Sprachgebrauch und Text

Sprechsituation
Sprechabsicht, Redeabsicht

gesprochene Sprache
geschriebene Sprache

Äußerung
Text
  Textsorte

Sprachvarietät

  Mundart
  Dialekt

  Standardsprache, Gemeinsprache
  Umgangssprache
  Alltagssprache

  Gruppensprache
  Sondersprache

  Fachsprache

Englisch (E)

Gebräuchliche deutsche Fachausdrücke	Gebräuchliche englische Fachausdrücke

1. **Aussprache, Rechtschreibung, Zeichensetzung**	**pronunciation, spelling, punctuation**
1.1 **Laut**	**sound**
Vokal	vowel
lang	long
kurz	short
Diphthong	diphthong
Konsonant	consonant
stimmhaft	voiced
stimmlos	voiceless
1.2 **Silbe**	**syllable**
betont	stressed
unbetont	unstressed
1.3 **Akzent, Betonung**	**stress**
Hauptakzent (dient durch seine Plazierung gelegentlich zur Unterscheidung von Wortarten, z.B. *the object/to object; frequent/to frequent.*)	primary stress, main stress
Nebenakzent (tritt bei Wortgruppen, z.B. *dinner table, hayfield,* und dreisilbigen bzw. mehrsilbigen Wörtern auf, z.B. *characteristic, heterogeneous.* Im Amerikanischen Englisch wird häufig ein Nebenakzent gesetzt, wo das Britische Englisch nur einen Hauptakzent kennt, z.B. *cemetery, legendary.*)	secondary stress
ebener Akzent (z.B. *black bird,* im Gegensatz zu *blackbird; deaf-mute, near by.*)	level stress

1.4 Intonation

intonation

steigend	rising
fallend	falling

Tongruppe
(Die Tongruppe im Satz wird durch
eine steigende oder fallende Intonation
abgeschlossen und von der folgenden
Tongruppe häufig durch eine kurze
Pause getrennt, z.B. *I'm sorry* ↑ */ I said
that* ↓).

tone unit, tone group

1.5 Bindung

linking

1.6 Buchstabe

letter

großer Buchstabe	capital letter
kleiner Buchstabe	small letter

1.7 Satzzeichen

punctuation marks

Punkt	full stop, period
Semikolon	semicolon
Komma	comma
Fragezeichen	question mark
Ausrufezeichen	exclamation mark
Doppelpunkt	colon
Gedankenstrich	dash
Anführungszeichen	inverted commas, quotation marks
Bindestrich	hyphen
Trennungszeichen	hyphen
Auslassungszeichen, Apostroph	apostrophe
Klammer(n)	parenthesis, bracket(s)

2 Wortlehre

words, morphology

2.1 Wortbildung

word-formation

Stamm	stem
Flexionsendung	inflectional ending
Vorsilbe, Präfix	prefix
Nachsilbe, Suffix	suffix

abgeleitetes Wort (Wortstamm und Suffix bilden ein neues Wort, z.B. *baker, kingdom, censorship.*)	derived word, derivation
zusammengesetztes Wort (mehrere Wortstämme bilden ein neues Wort, z.B. *apple cake, chain-smoke, into.* Abgeleitete und zusammengesetzte Wörter treten auch gemischt auf, z.B. *writing table, chainsmoker, craftsmanship.*)	compound

2.2 Wortarten — parts of speech

Strukturwort, Funktionswort (Wörter, deren Bedeutung nur im Zusammenhang mit anderen Wörtern erkennbar ist, wie z.B. Modalverben, Konjunktionen, Artikel. Sie dienen vorzüglich der formalen Strukturierung des Satzes.)	function word
Inhaltwort (Wörter, die auch ohne Zusammenhang mit anderen Wörtern eine beschreibbare Bedeutung haben, d.h. Substantive, Verben, Adjektive, Adverbien.)	content word
flektiert	inflected
unflektiert	not inflected

2.2.1

Hauptwort, Substantiv, Nomen	noun
Deklination, Beugung	inflection
Geschlecht, Genus	gender
männlich, Maskulinum	masculine
weiblich, Femininum	feminine
sächlich, Neutrum	neuter
doppeltes Geschlecht (z.B. *teacher, professor, cook:* = männlich oder weiblich)	dual gender
Zahl, Numerus	number
Einzahl, Singular	singular
Mehrzahl, Plural	plural

Fall, Kasus	case
allgemeiner Kasus	common case
(gilt für alle Substantive und	
umfaßt die Subjekt- und Objekt-	
position. Ausgenommen ist also	
nur der Genitiv.)	
Genitiv	genitive case, possessive cases
Subjektkasus	subject case
Objektkasus	object case
(gelten nur für jene Pronomen,die	
einen Subjekt- und Objektkasus	
unterscheiden, also: *I/me, he/him,*	
she/her, we/us,they/them.)	
zählbar	countable
nicht zählbar	uncountable
Eigenname	proper noun, proper name

2.2.2 Artikel — article
 bestimmt — definite
 unbestimmt — indefinite

2.2.3 Pronomen — pronoun

als Nomen	pronoun as noun
(z.B. *I like this / everybody. The glasses*	
are hers. Besitzanzeigende und unbe-	
stimmte Fürwörter haben als Nomen	
andere Formen denn als Adjektiv; die	
anderen Pronomen werden nur funk-	
tional unterschieden.)	
als Adjektiv	pronoun as adjective
(z.B. *this house, every member of our*	
club, her glasses.)	
als Adverb	pronoun as adverb
(z.B. *anywhere, nowhere; I see my*	
parents very little nowadays.)	
persönliches Fürwort, Personalpronomen	personal pronoun
rückbezügliches Fürwort, Reflexivpronomen	reflexive pronoun
reziprokes Fürwort	reciprocal pronoun
betonendes Fürwort	emphatic pronoun
hinweisendes Fürwort, Demonstrativpronomen	demonstrative pronoun

besitzanzeigendes Fürwort, Possessiv	possessive pronoun
Fragefürwort, Interrogativpronomen	interrogative pronoun
bezügliches Fürwort, Relativpronomen	relative pronoun
unbestimmtes Fürwort, Indefinitpronomen	indefinite pronoun

Alternative zu 2.2.2 und 2.2.3

Der Artikel und die folgenden als Adjektiv gebrauchten Pronomen können in einer Gruppe zusammengefaßt werden:

Artikel	article
bestimmt	definite
unbestimmt	indefinite
hinweisendes Fürwort, Demonstrativpronomen	demonstrative pronoun
besitzanzeigendes Fürwort, Possessivpronomen	possessive pronoun
Fragefürwort, Interrogativpronomen: *whose, which(ever), what(ever)*	interrogative pronoun
unbestimmtes Fürwort, Indefinitpronomen: *some, any, every, each, either, neither, much, many*; außerdem: *enough*	indefinite pronoun

2.2.3 Die verbleibenden Pronomen werden als Nomen gebraucht.

2.2.4 Stützwort *one*	propword *one*
2.2.5 Zahlwort, Numerale	numeral
Grundzahl, Kardinalzahl	cardinal number
Ordnungszahl, Ordinalzahl	ordinal number
2.2.6 Eigenschaftswort, Adjektiv	adjective
Steigerung, Komparation	comparison
analytische Steigerung	more,most-comparison
synthetische Steigerung	-er,-est-comparison
Komparativ	comparative
Superlativ	superlative
attributiv	attributive
prädikativ	predicative

2.2.7 Tätigkeitswort, Verb

	verb
Vollverb	full verb
Hilfsverb	auxiliary
Modalverb	modal auxiliary, defective auxiliary
Ersatzform (des Modalverbs)	substitute (of modal auxiliary)
Kopulaverb (*be*, auch *become, appear,seem* etc.)	linking verb, copula
transitives Verb	transitive verb
intransitives Verb (Viele englische Verben können transitiv und intransitiv gebraucht werden, z.B. *run/run a machine, walk/ walk a dog, work/work somebody hard.*)	intransitive verb
reflexives Verb	reflexive verb
Präpositionalverb (z.B.: *add to, apply for, conform to, insist on, refer to*; d.h. feste Verbindungen von Verb und Präposition, in denen beide Bestandteile ihre Bedeutungen erkennbar bewahren.)	prepositional verb
Partikelverb (z.B. *back up, catch on, make out, put across, turn up*, sowie *break in on, come up with, look forward to*; d.h. feste Verbindungen von Verb und Adverbialpartikel(n), in denen die Bestandteile zu einer neuen Bedeutungseinheit zusammentreten.)	phrasal verb
Konjugation	inflection (of the verb)
regelmäßig	regular
unregelmäßig	irregular
starkes Verb	strong verb
schwaches Verb	weak verb
finite Verbform	finite verb form
infinite Verbform	non-finite verb form
Infinitiv	infinitive
Infinitiv ohne *to*	bare infinitive
Infinitiv mit *to*	to-infinitive

Partizip Präsens	present participle
Partizip Perfekt	past participle
Gerundium	gerund
Person	person
Aktiv	active voice
Passiv	passive voice
Handlungsträger (beim Passiv)	by-agent

(Der Handlungsträger erscheint im aktivischen Satz in der Regel als Subjekt, im passivischen dagegen als präpositionales Objekt (*by-agent*), z.B. *A first class doctor treated him. He was treated by a first class doctor.* Gelegentlich werden im Passiv auch Handlungen auslösende Momente angegeben, die nicht im engeren Sinne Handlungsträger sind, z.B. *The house was pulled down by mistake.*)

Imperativ	imperative
Tempus	tense
—	present
—	past
—	present perfect
—	past perfect
—	future
—	future perfect
—	future in the past
—	future perfect in the past
Zeit, Zeitverweis	time
Gegenwart	present
Vergangenheit	past
Zukunft	future
Aspekt	aspect
einfache Form	simple form
Verlaufsform	continuous form, progressive form

(anzuwenden auf die Tempora, also z.B. present simple–present continuous, present progressive; past simple–past continuous, past progressive)

2.2.8 Umstandswort, Adverb — adverb

natürliches Adverb	original adverb
abgeleitetes Adverb	derived adverb

2.2.9 Verhältniswort, Präposition	preposition
—	particle
2.2.10 Bindewort, Konjunktion	conjunction
nebenordnend	co-ordinating
unterordnend	subordinating
2.2.11 Interjektion	interjection
2.2.12 —	—

3   Satzlehre   syntax

3.1   Satzglied   **part of sentence, phrase**

Nominalgruppe
(die syntaktische Wortgruppe, die nur
aus einem Substantiv besteht oder
deren Bestandteile sich auf ein
Substantiv beziehen, z.B. *father; my
uncle; all the many football fans who
live in this town*)

nominal phrase

Präpositionalgruppe
(eine Nominalgruppe mit einer vor-
angehenden Präposition, z.B. *into the
tunnel, out of the bag, right through the
garage*)

prepositional phrase

Verbgruppe, Verbalgruppe
(die syntaktische Wortgruppe, die aus
einem finiten Verb besteht oder deren
Bestandteile sich auf ein finites Verb
beziehen, z.B. *come, went out of the
office, gave his mother a bunch of
flowers*. Die Objekte, die selbst immer
Nominalgruppen sind, sind also
Bestandteil der Verbgruppe.)

verbal phrase

Partizip als Satzglied

participle phrase, participle
clause

Gerundium als Satzglied
Infinitiv als Satzglied

gerund phrase, gerund clause
(bare/to-) infinitive phrase,
(bare/to-) infinitive clause

Prädikat
(das finite Verb innerhalb der Verbgruppe)

predicate

Subjekt-Ergänzung (z.B. *She is a most successful lawyer.* *He will be an optician.*) Objekt-Ergänzung (z.B. *They call him Pete. They painted* *the chair blue.*)	subject complement object complement
Satzgegenstand, Subjekt Vorsubjekt *there* (z.B. *There is no water on the moon.* Nicht zu verwechseln mit dem Ortsad- verb *there*, z.B. *The shop is over there.*)	subject introductory *there*

Objekt
  direktes Objekt
  indirektes Objekt
  Präpositionalobjekt
	object
	  direct object
	  indirect object
	  prepositional object

Umstandsbestimmung, adverbiale
Bestimmung
– der Zeit; temporal
– des Ortes; lokal
– der Richtung; direktional
– der Art und Weise und des Mittels;
  modal
– des Grundes; kausal
– der Bedingung; konditional
– des wirkungslosen Gegengrundes, der
  Einräumung; konzessiv
– der Folge; konsekutiv
– des Zwecks und Ziels
– des Gegensatzes; adversativ
– des Vergleichs; komparativ
	adverbial phrase
	
	– of time
	– of place
	– of direction
	– of manner
	
	– of cause
	– of condition
	– of concession
	
	– of result
	– final
	– of contrast
	– of comparison

Beifügung, Attribut Apposition	attribute apposition

3.2 Satz — sentence

einfacher Satz
  Kurzsatz, Ellipse
	simple sentence
	  minor sentence, elliptical
	  sentence

komplexer Satz, Satzgefüge	complex sentence, compound sentence
übergeordneter Satz untergeordneter Satz nebengeordneter Satz	superordinate clause subordinate clause, subclause coordinate clause

Hauptsatz	independent clause, main clause
Nebensatz	dependent clause, subclause
Gliedsatz (ein eingebetteter Satz in der syntaktischen Funktion z.B. einer Nominalgruppe, also etwa in der Funktion des Subjekts oder des Objekts [= Nominalsatz], oder einer adverbialen Bestimmung.)	clause
Nominalsatz	nominal clause
Subjektsatz (z.B. *Whoever has done it will be punished.*)	subject clause
Objektsatz – indirektes Objekt (z.B. *I give these flowers to whom I like.*) – direktes Objekt (*I sing whatever comes to my mind.*) – indirekter Aussagesatz	object clause – reported statement, indirect statement – reported that-clause, indirect that-clause
– indirekter Fragesatz	– reported question, indirect question – reported yes/no-question, indirect yes/no-question
– indirekter Befehlssatz (erscheint i.a. als Infinitiv mit *to*, z.B. *He told me to go away.*)	– reported imperative, indirect imperative
– indirekter Ausruf (erscheint immer als indirekter Fragesatz, z.B.: *He exclaimed what a wonderful dress I was wearing.*)	– reported exclamation, indirect exclamation
Adverbialsatz – der Zeit; temporal – des Ortes; lokal – der Richtung; direktional – der Art und Weise und des Mittels; modal – des Grundes; kausal – der Bedingung; konditional	adverbial clause – of time – of place – of direction – of manner – of cause – of condition

Bedingungssatz, Konditionalsatz	conditional clause
real	real condition, open condition
potential	possible condition (in the present), unlikely condition
irreal	unreal condition (in the past)
– des wirkungslosen Gegengrundes/ der Einräumung; konzessiv	– of concession
– der Folge; konsekutiv	– of result
– des Zwecks und des Ziels; final	– of purpose
– des Gegensatzes; adversativ	– of contrast
– des Vergleichs; komparativ	– of comparison
Relativsatz	relative clause
erweiternder Relativsatz	non-defining relative clause
bestimmender Relativsatz	defining relative clause
Kontaktsatz	contact clause
Partizip als Gliedsatz (z.B. *Encouraged by the applause, he went on singing. Speaking of cigarettes, could you let me have one?*)	participle clause
direkte Rede, wörtliche Rede	direct speech
indirekte Rede	indirect speech, reported speech
erlebte Rede	free indirect speech
Redeerklärung (z.B. *He said...* als Einleitung sowohl für direkte als auch für indirekte Rede.)	reporting clause
Zeitenfolge	backshift of tenses
Kongruenz	concord, agreement
Wortstellung	word order
Inversion	inversion
Spaltsatz (z.B. *It is I who am to blame. It's blue that they painted the chairs.*)	cleft sentence
Umschreibung	do-periphrasis
Kurzform	short form
Langform, Vollform	long form, full form
emphatische Umschreibung	emphatic formxclamation

bejahter Satz	affirmative sentence
Verneinung; verneinter Satz	negation; negative sentence
Satzarten	types of sentences
Aussagesatz	statement, declarative statement
Fragesatz	question, interrogative sentence
Ja/Nein-Frage, Entscheidungs-frage	yes/no-question, yes/no-inter-rogative sentence
Ergänzungsfrage	wh-question, wh-interrogative sentence
Subjektfrage	wh-question identifying the subject
angehängte Frage, Bestätigungs-frage	tag-question, question tag
Aufforderungssatz	imperative sentence, command
Ausrufesatz	exclamation

4   Bedeutungslehre, Semantik   semantics

Bedeutung	meaning
denotativ	denotative
konnotativ	connotative
sprachliches Zeichen	linguistic sign
Bedeutungsmerkmal, semantisches Merkmal	semantic marker
Synonym	synonym
Antonym	antonym
Homonym	homonym
Kontext	context
Metapher	metaphor
Idiom, feststehende Wendung	idiom
Lehnwort	loan word
Fremdwort	foreign word

5 Sprachgebrauch und Text

language performance and text, discourse

Sprechsituation	context of situation
Sprechabsicht	illocution
gesprochene Sprache	spoken language, oral language
geschriebene Sprache	written language
Äußerung	utterance
Text	text, discourse
Textsorte	type of text, type of discourse
fiktional	fictional
nicht fiktional	non-fictional
Sprachvarietät	language variety
Dialekt	regional dialect
Standardsprache	standard (antonym: stubstandard)
Register (stark von der Sprechsituation geprägte Sprache)	register
gehoben	elevated
umgangssprachlich	familiar, colloquial
vulgär	vulgar
Fachsprache	language for special purposes

Französisch (F)

Gebräuchliche deutsche Fachausdrücke	Gebräuchliche französische Fachausdrücke

1 Aussprache, Rechtschreibung, Zeichensetzung	**prononciation, orthographe, ponctuation**
1.1 Laut	**le son**
Vokal	la voyelle
langer Vokal	la voyelle longue
kurzer Vokal	la voyelle brève
offener Vokal	la voyelle ouverte
geschlossener Vokal	la voyelle fermée
Diphthong	la diphtongue
Halbvokal	la semi-voyelle
Halbkonsonant	la semi-consonne
Nasalvokal	la voyelle nasale
Nasalkonsonant	la consonne nasale
Knacklaut	le coup de glotte
Konsonant	la consonne
stimmhafter Konsonant	la consonne sonore
stimmloser Konsonant	la consonne sourde
stummes h	le h muet
aspiriertes h	le h aspiré
1.2 Silbe	**la syllabe**
betonte Silbe	la syllabe tonique
unbetonte Silbe	la syllabe atone
1.3 Akzent	**l'accent tonique**
1.4 Intonation	**l'intonation**
steigende Intonation	l'intonation montante
fallende Intonation	l'intonation descendante
Tongruppe	le mot phonétique, le groupe rythmique

1.5	**Bindung**	**la liaison**
	konsonantische Bindung	la liaison
	vokalische Bindung	l'enchaînement

1.6	**Buchstabe**	**la lettre**
	großer Buchstabe	la (lettre) majuscule
	kleiner Buchstabe	la (lettre) minuscule
	Akzent	l'accent
		l'accent aigu
		l'accent grave
		l'accent circonflexe
	Trema	le tréma
	Cedille	la cédille

1.7	**Satzzeichen**	**les signes de ponctuation**
	Punkt	le point
	Semikolon	le point-virgule
	Komma	la virgule
	Fragezeichen	le point d'interrogation
	Ausrufezeichen	le point d'exclamation
	Doppelpunkt	les deux points
	Gedankenstrich	le tiret
	Anführungszeichen	les guillemets
	Bindestrich	le trait d'union
	Trennungszeichen	le trait d'union
	Apostroph	l'apostrophe
	Klammer	la parenthèse

2	**Wortlehre**	**les mots,**
		la morphologie

2.1	**Wortbildung**	**la formation des mots**
	Stamm	le radical
	Endung	la désinence, la terminaison
	nicht hörbare Endung	la désinence muette
	Präfix	le préfixe
	Suffix	le suffixe
	abgeleitetes Wort	le mot dérivé
	zusammengesetztes Wort	le mot composé

2.2	**Wortarten**	**les parties du discours, les classes de mots**

2.2.1	Nomen, Substantiv	le nom
	Genus	le genre
	Maskulinum	(le) masculin
	Femininum	(le) féminin
	Numerus	le nombre
	Singular	le singulier
	Plural	le pluriel
	Eigenname	le nom propre

2.2.2	Artikel	l'article
	bestimmter Artikel	l'article défini
	unbestimmter Artikel (= *un, une, des*)	l'article indéfini
	Teilungsartikel (= *du, de l', de la*)	l'article partitif
	partitives *de*	le *de* partitif

2.2.3	Pronomen	le pronom
	als Substantiv	le pronom
	als Adjektiv	l'adjectif non qualificatif
	als Adverb	l'adverbe pronominal, le pronom adverbial
	Personalpronomen	le pronom personnel
	betont, unverbunden	tonique, disjoint
	unbetont, verbunden	atone, conjoint
	Reflexivpronomen	le pronom réfléchi
	Pronominaladverb, Adverbialpronomen	l'adverbe pronominal, le pronom adverbial
	Demonstrativpronomen	le pronom démonstratif, l'adjectif démonstratif
	Possessivpronomen	le pronom possessif, l'adjectif possessif
	Interrogativpronomen	le pronom interrogatif, l'adjectif interrogatif
	Relativpronomen	le pronom relatif
	Indefinitpronomen	le pronom indéfini, l'adjectif indéfini

Alternative zu 2.2.2 und 2.2.3

Während man in der traditionellen deutschen Grammatik zwischen „adjektivischem Pronomen" und „substantivischem Pronomen" unterscheidet, wird in dieser Alternative die Unterscheidung zwischen „Begleiter, Determinant" und „Stellvertreter, Pronomen" vorgeschlagen.

2.2.2	Begleiter, Determinant	le déterminant
	Artikel	l'article
	bestimmter Artikel	l'article défini
	unbestimmter Artikel	l'article indéfini
	Teilungsartikel	l'article partitif
	partitives *de*	le *de* partitif
	Demonstrativbegleiter	le déterminant démonstratif
	Possessivbegleiter	le déterminant possessif
	Interrogativbegleiter	le déterminant interrogatif
	indefiniter Begleiter	le déterminant indéfini
	Numeralbegleiter	le déterminant numéral
2.2.3	Pronomen	le pronom
	Personalpronomen	le pronom personnel
	betont, unverbunden	tonique, disjoint
	unbetont, verbunden	atone, conjoint
	Pronominaladverb, Adverbialpronomen	l'adverbe pronominal, le pronom adverbial
	Reflexivpronomen	le pronom réfléchi
	Demonstrativpronomen	le pronom démonstratif
	Possessivpronomen	le pronom possessif
	Interrogativpronomen	le pronom interrogatif
	Relativpronomen	le pronom relatif
	Idefinitpronomen	le pronom indéfini
2.2.4	—	
2.2.5	Numerale, Zahlwort	le numéral
	Kardinalzahl, Grundzahl	le numéral cardinal
	Ordinalzahl, Ordnungszahl	le numéral ordinal
2.2.6	Adjektiv	l'adjectif
	Komparation, Steigerung	les degrés de signification, les degrés de comparaison
	Komparativ	le comparatif
	Superlativ	le superlatif
	attributives Adjektiv	l'adjectif épithète
	prädikatives Adjektiv	l'adjectif attribut
	adverbial gebrauchtes Adjektiv	l'adjectif employé adverbialement

2.2.7 Verb   le verbe

Hilfsverb   l'auxiliaire

Modalverb   l'auxiliaire de mode

Kopulaverb   le verbe copule, la copule

transitives Verb   le verbe transitif
- direct (p.ex.: *dire qc*)
- indirect (p.ex.: *parler à qn, douter de qc*)

intransitives Verb   le verbe intransitif
(p.ex.: *il travaille*)

reflexives Verb   le verbe pronominal

unpersönliches Verb   le verbe impersonnel

Konjugation   la conjugaison
regelmäßiges Verb   le verbe régulier
unregelmäßiges Verb   le verbe irrégulier
stammbetonte Formen   les formes à radical tonique
endungsbetonte Formen les formes à radical atone
finite Verbformen, Personalformen les formes conjuguées du verbe
infinite Verbformen   les formes non conjuguées du verbe
  Infinitiv   l'infinitif
  Partizip Präsens   le participe présent
  Partizip Perfekt   le participe passé
  Verbaladjektiv   l'adjectif verbal
  Gerundium   le gérondif

Person   person

Aktiv   l'actif, la voix active
Passiv   le passif, la voix passive
  Handlungsträger (beim Passiv)   l'agent

Modus   le mode
  Indikativ   l'indicatif
  Konditional   le conditionnel
  —   le subjonctif
  Imperativ   l'impératif

Tempus   les temps du verbe
  —   le présent
  —   l'imparfait
  —   le passé composé
  —   le passé simple
  —   le plus-que-parfait
  —   le passé antérieur
  —   le futur simple
  —   le futur composé
  —   le futur antérieur

Konditional I	le conditionnel (présent)
Konditional II	le conditionnel passé
Zeit, Zeitstufe	le temps
Gegenwart ·	le présent
Vergangenheit	le passé
Zukunft	le futur
Aspekt	l'aspect

2.2.8 Adverb — l'adverbe

2.2.9 Präposition — la préposition

2.2.10 Konjunktion	la conjonction
nebenordnende Konjunktion	la conjonction de coordination
unterordnende Konjunktion	la conjonction de subordination

2.2.11 Interjektion — l'interjection

2.2.12 — — le présentatif (p.ex. *voici, voilà*)

3 Satzlehre — la syntaxe

3.1 Satzglied — le groupe de mots, le syntagme

Nominalgruppe, Substantivgruppe	le groupe nominal, le syntagme nominal
Präpositionalgruppe	le groupe prépositionnel, le syntagme prépositionnel
Verbalgruppe	le groupe verbal, le syntagme verbal
Prädikat	le prédicat, le verbe
prädikative Ergänzung, Prädikativ, Prädikatsnomen	l'attribut
prädikative Ergänzung zum Subjekt	l'attribut du sujet
prädikative Ergänzung zum Objekt	l'attribut de l'objet
Kopula	la copule
Subjekt	le sujet
Objekt	le complément d'objet
direktes Objekt	le complément d'objet direct
indirektes Objekt	le complément d'objet indirect
adverbiale Bestimmung, Umstandsbestimmung	le complément circonstanciel
– der Zeit; temporal	– de temps
– des Ortes; lokal	– de lieu
– der Art und Weise; modal	– de manière

– des Grundes; kausal	– de cause
– der Bedingung; konditional	– de condition
– der Einräumung; konzessiv	– de concession
– der Folge; konsekutiv	– de conséquence
– des Zwecks; final	– de but
– des Gegensatzes; adversativ	– d'opposition
– des Vergleichs; komparativ	– de comparaison
Attribut	le complément du nom
Apposition	l'apposition

3.2   Satz — **la phrase**

einfacher Satz	la phrase simple
komplexer Satz	la phrase complexe
übergeordneter Satz	la (proposition) principale
untergeordneter Satz	la (proposition) subordonnée
nebengeordneter Satz	la proposition coordonnée
Hauptsatz	la (proposition) principale
Nebensatz	la (proposition) subordonnée
Gliedsatz	la (proposition) subordonnée
Subjektsatz	la proposition sujet
Objektsatz	la proposition (complément d') objet
Adverbialsatz	la (proposition) circonstancielle
Temporalsatz	– de temps
Modalsatz	– de manière
Kausalsatz	– de cause
Konditionalsatz	– de condition
Konzessivsatz	– de concession
Konsekutivsatz	– de conséquence
Finalsatz	– de but
Adversativsatz	– d'opposition
Vergleichssatz	– de comparaison
Prädikativsatz	la proposition attribut
Attributsatz	la proposition apposition
indirekter Fragesatz	l'interrogation indirecte
Relativsatz	la (proposition) relative
Partizipialsatz	la proposition participiale
Infinitivsatz	la proposition infinitive
direkte Rede, wörtliche Rede	le discours direct, le style direct
indirekte Rede	le discours/le style indirect
erlebte Rede	le discours/le style indirect libre
Redeerwähnung	le discours rapporté
Redeerklärung (als eingeschobener Satz)	la proposition incise, l'incise

Zeitenfolge	la concordance des temps
Kongruenz	l'accord
Wortstellung	l'ordre des mots
Inversion	l'inversion du sujet
segmentierter Satz	la phrase segmentée
(z.B. *Comment tu la trouves, cette robe ? –*	
Cette robe, elle est trop chère.)	
Hervorhebung	la mise en relief
Verneinung	la négation
Satzarten	les types de phrases
Aussagesatz	la phrase déclarative
Fragesatz	la phrase interrogative
Entscheidungsfrage, Ja/Nein-	l'interrogation totale
Frage, Gesamtfrage	
Ergänzungsfrage, Teilfrage	l'interrogation partielle
Intonationsfrage	l'interrogation marquée par
	l'intonation
est-ce que-Frage	l'interrogation avec *est-ce que*
Frage mit nachgestelltem Fragewort	l'interrogation avec rejet du
	mot interrogatif
absolute Fragestellung	l'interrogation complexe
Aufforderungssatz	la phrase impérative
Ausrufesatz	la phrase exclamative

4 Bedeutungslehre — la sémantique

Bedeutung	le sens, la signification
denotativ	dénotatif,ve
konnotativ	connotatif,ve
sprachliches Zeichen	le signe linguistique
semantisches Merkmal, Bedeutungs-	le trait sémantique
merkmal	
Oberbegriff	l'hypéronyme,
	le terme générique
Unterbegriff	l'hyponyme
Synonym	le synonyme
Antonym	l'antonyme
Homonym	l'homonyme

Wortfeld	le champ sémantique,
	le champ conceptuel.
Sachfeld	le champ associatif,
	le centre d'intérêt
Wortfamilie	la famille de mots,
	la famille lexicale
Kontext	le contexte
eigentliche Bedeutung	le sens propre
übertragene Bedeutung	le sens figuré
Metapher	la métaphore
feststehende Wendung	la locution (figée)
Fremdwort	le mot savant, le mot étranger

5   Sprachgebrauch und Text   communication et texte

Sprechsituation	la situation de communication
Sprechabsicht, Redeabsicht	l'intention (énonciative)
Gesprächspartner	l'interlocuteur
gesprochene Sprache	la langue parlée
geschriebene Sprache	la langue écrite
Lautbild	le code phonique
Schriftbild	le code graphique
Äußerung	l'énoncé
Text	le texte
Textsorte	le type de texte
Sprachvarietät	la variété linguistique
Mundart	le parler (local, régional),
	le patois
Dialekt	le dialecte
Sprachebene	le niveau de langue
gehobene Sprache	la langue soignée
nicht-markierte Sprache	la langue non marquée
Umgangssprache	la langue de tous les jours
familiäre Sprache	la langue familière
vulgäre Sprache	la langue vulgaire
Register	le registre
Argot	l'argot
Fachsprache	la langue de spécialité

Italienisch (I)

Gebräuchliche deutsche Fachausdrücke	Gebräuchliche italienische Fachausdrücke

1	**Aussprache, Rechtschreibung, Zeichensetzung**	**la pronuncia, l'ortografia, la punteggiatura**
1.1	**Laut**	**il suono**
	Vokal	la vocale
	langer Vokal	la vocale lunga
	kurzer Vokal	la vocale breve
	offener Vokal	la vocale aperta
	geschlossener Vokal	la vocale chiusa
	Diphthong, Zwielaut	il dittongo
	Konsonant	la consonante
	stimmhafter Konsonant	la consonante sonora
	stimmloser Konsonant	la consonante sorda
1.2	**Silbe**	**la sillaba**
	betonte Silbe	la sillaba tonica
	unbetonte Silbe	la sillaba atona
1.3	**Akzent**	**l'accento**
1.4	**Intonation**	**l'intonazione**
	steigend	ascendente
	fallend	discendente
1.5	—	—
1.6	**Buchstabe**	**la lettera**
	großer Buchstabe	la maiuscola
	kleiner Buchstabe	la minuscola
	Akzent	l'accento
		l'accento acuto
		l'accento grave
		l'accento circonflesso

1.7	Satzzeichen	i segni di interpunzione
	Punkt	il punto
	Semikolon, Strichpunkt	il punto e virgola
	Komma	la virgola
	Fragezeichen	il punto interrogativo
	Ausrufezeichen	il punto esclamativo
	Doppelpunkt	i due punti
	Gedankenstrich	il trattino, la lineetta
	Anführungszeichen	le virgolette
	Bindestrich	il tratto di unione, la lineetta
	Trennungszeichen	il trattino
	Apostroph, Auslassungszeichen	l'apostrofo
	Klammer	la parentesi

2   Wortlehre — la morfologia

2.1	Wortbildung	la formazione delle parole
	Stamm	la radice
	Endung	la desinenza
	Präfix	il prefisso
	Suffix	il suffisso
	abgeleitetes Wort	la parola derivata
	zusammengesetztes Wort	la parola composta

2.2	Wortarten	le categorie di parole
2.2.1	Nomen, Substantiv	il sostantivo
	Genus	il genere
	maskulinum	maschile
	femininum	femminile
	Numerus	il numero
	Singular	il singolare
	Plural	il plurale
	Eigenname	il nome proprio
2.2.2	Artikel	l'articolo
	bestimmter Artikel	l'articolo determinativo
	unbestimmter Artikel	l'articolo indeterminativo
	Teilungsartikel	l'articolo partitivo

2.2.3 Pronomen	il pronome
Personalpronomen	il pronome personale
betontes Personalpronomen	il pronome personale tonico
unbetontes Personalpronomen	il pronome personale atono
Reflexivpronomen	il pronome riflessivo
Pronominaladverb (*ci, vi* e *ne*)	la particella pronominale
Demonstrativpronomen	il pronome dimostrativo,
(Das Italienische unterscheidet zwischen	l'aggettivo dimostrativo
Pronomen und Adjektiv, d.h. zwischen	
Stellvertreter und Begleiter.)	
Possessivpronomen	il pronome possessivo,
	l'aggettivo possessivo
Interrogativpronomen	il pronome interrogativo,
	l'aggettivo interrogativo
Relativpronomen	il pronome relativo
Indefinitpronomen	il pronome indefinito,
	l'aggettivo indefinito
2.2.4 —	—
2.2.5 Numeralia	i numerali
Kardinalzahlen	i cardinali
Ordinalzahlen	gli ordinali
2.2.6 Adjektiv	l'aggettivo
Komparation, Steigerung	la comparazione
Komparativ	il comparativo
Superlativ	il superlativo
	– assoluto
	– relativo
attributives Adjektiv	l'aggettivo attributivo
prädikatives Adjektiv	l'aggettivo predicativo
2.2.7 Verb	il verbo
Hilfsverb	l'ausiliare
Modalverb	il verbo modale, il verbo servile
Kopulaverb	il verbo copulativo
transitives Verb	il verbo transitivo
intransitives Verb	il verbo intransitivo
reflexives Verb	il verbo riflessivo
unpersönliches Verb	il verbo impersonale

Konjugation	la coniugazione
regelmäßiges Verb	il verbo regolare
unregelmäßiges Verb	il verbo irregolare
finite Verbform	la forma coniugata, la forma finita del verbo
infinite Verbform	la forma non coniugata, la forma di modo non finito, la forma di modo indefinito
Infinitiv	l'infinito presente, l'infinito semplice
	l'infinito passato, l'infinito composto
Partizip Präsens	il participio presente
Partizip Perfekt	il participio passato
Gerundium	il gerundio presente, il gerundio semplice
	il gerundio passato, il gerundio composto
Person	la persona
Aktiv	la forma attiva
Passiv	la forma passiva
Handlungsträger (beim Passiv)	il complemento d'agente (= persona)
	il complemento di causa efficiente (= cosa)
Modus	il modo
Indikativ	l'indicativo
Konditional	il condizionale
Konjunktiv	il congiuntivo – presente – passato
Imperativ	l'imperativo
Tempus	i tempi del verbo
Präsens	il presente
Perfekt	il passato prossimo
Präteritum	l'imperfetto

Plusquamperfekt	il trapassato prossimo
Historisches Perfekt	il passato remoto
Historisches Plusquamperfekt	il trapassato remoto
Futur I	il futuro semplice
Futur II	il futuro anteriore
Konditional I	il condizionale semplice
Konditional II	il condizionale composto
Aspekt	l'aspetto

2.2.8	Adverb	l'avverbio
2.2.9	Präposition	la preposizione
		la preposizione semplice
		(p.es. *in*)
		la preposizione articolata
		(p.es. *nel*)
		la locuzione prepositiva
		(p.es. *invece di*)
2.2.10	Konjunktion	la congiunzione
	nebenordnende Konjunktion	la congiunzione coordinativa, la congiunzione coordinante
	unterordnende Konjunktion	la congiunzione subordinativa, la congiunzione subordinante
2.2.11	Interjektion	l'interiezione
2.2.12	—	—

3	**Satzlehre**	**la sintassi**
3.1	**Satzglied**	**il sintagma**
	Nominalgruppe	il gruppo nominale, il sintagma nominale
	Präpositionalgruppe	il gruppo preposizionale, il sintagma preposizionale
	Verbalgruppe	il gruppo verbale, il sintagma verbale
	Prädikat	il predicato
	Prädikatsnomen	la parte nominale (del predicato)
	Kopula	la copula
	Subjekt	il soggetto

Objekt	il complemento oggetto
direktes Objekt	il complemento oggetto,
	il complemento diretto
indirektes Objekt	il complemento indiretto
Genitivobjekt	il complemento di
	specificazione
Dativobjekt	il complemento di termine
adverbiale Bestimmung	il complemento
– der Zeit	– di tempo
– des Ortes	– di luogo
– der Art und Weise	– di modo, – di maniera
– des Grundes	– di causa
– des Zwecks	– di fine
Attribut	l'attributo
Apposition	l'apposizione

3.2   Satz   **la proposizione**

einfacher Satz	la proposizione semplice
komplexer Satz	il periodo
übergeordneter Satz, Hauptsatz	la proposizione principale,
	la proposizione indipendente
untergeordneter Satz, Nebensatz	la proposizione subordinata,
	la proposizione secondaria,
	la proposizione dipendente
nebengeordneter Satz	la proposizione coordinata
Hauptsatz	la proposizione principale
Nebensatz	la proposizione subordinata
Subjektsatz	la (proposizione) soggettiva
Objektsatz	la (proposizione) oggettiva
Temporalsatz	la (proposizione) temporale
Modalsatz	la (proposizione) modale
Kausalsatz	la (proposizione) causale
Konditionalsatz	la (proposizione) condizionale,
	il periodo ipotetico
Konzessivsatz	la (proposizione) concessiva
Konsekutivsatz	la (proposizione) consecutiva
Finalsatz	la (proposizione) finale
Vergleichssatz	la (proposizione) comparativa
Relativsatz	la (proposizione) relativa
direkte Rede	il discorso diretto
indirekte Rede	il discorso indiretto
Zeitenfolge	la concordanza dei tempi

Kongruenz	l'accordo
Wortstellung	l'ordine delle parole
Inversion	l'inversione
Verneinung	la negazione
Satzarten	i tipi di proposizioni
Aussagesatz	la proposizione dichiarativa
Fragesatz	la proposizione interrogativa
Aufforderungssatz	la proposizione imperativa
Ausrufesatz	la proposizione esclamativa

4 Semantik   la semantica

Bedeutung	il significato
denotativ	denotativo
konnotativ	connotativo
sprachliches Zeichen	il segno linguistico
semantisches Merkmal	il tratto semantico
Oberbegriff	il termine generico
Unterbegriff	il termine specifico
Synonym	il sinonimo
Antonym	l'antonimo
Homonym	l'omonimo
Wortfeld	il campo semantico
Sachfeld	il campo associativo
Kontext	il contesto
eigentliche Bedeutung	il senso proprio
übertragene Bedeutung	il senso figurato
Metapher	la metafora
Fremdwort	la parola straniera

5 Sprachgebrauch und Text   uso e testo

Kontext	il contesto
sprachlich	linguistico
nichtsprachlich	non-linguistico
Sprechabsicht	l'intenzione comunicativa
gesprochen	parlato
geschrieben	scritto

Text	il testo
Textsorte	il tipo di testo
fiktional	fittivo
nicht-fiktional	non-fittivo
Dialekt	il dialetto
Sprachebene	lo stile
gehoben	colto
umgangssprachlich	colloquiale
familiär	familiare
vulgär	volgare
Gruppensprache, Sondersprache	il linguaggio settoriale, il gergo
Fachsprache	il linguaggio tecnico

Latein (L)

*Im Deutschen gebräuchliche
Fachausdrücke*

Anmerkungen

1 Aussprache, Rechtschreibung, Zeichensetzung

Die heute übliche lateinische Schulaussprache
($c = k$ auch vor *e* und *i, ti = ti* auch vor Vokalen, nicht *zi*) entspricht weitgehend der Aus-
sprache der klassischen Epoche (1. Jh. vor
Chr.), sie ist jedoch nicht in allen Fällen
korrekt, z.B. im Falle von *ae, v, ph.*
Unsere Interpunktion lateinischer Texte ist
reine Konvention; sie orientiert sich – in
Deutschland – an den Interpunktionsregeln
des Deutschen.

1.1 Laut

Anlaut
Inlaut
Auslaut

Vokal

Vokalquantität
  lang
  kurz

Monophthong
Diphthong

Konsonant

1.2 Silbe

offen
geschlossen

betont
unbetont

Silbenquantität
  lang
  kurz

1.3 Akzent	
Wortakzent	
Satzakzent	Über den lateinischen Satzakzent läßt sich naturgemäß wenig sagen; immerhin wissen wir aus dem Bericht lateinischer Grammatiker davon, daß bei Antritt der Verknüpfungspartikel *-que* immer die unmittelbar davor stehende Silbe betont war, auch wenn dies den Regeln der lateinischen Wortbetonung zuwiderläuft.
1.4 —	
1.5 —	
1.6 —	
1.7 Satzzeichen	s. Anmerkung oben unter „Zeichensetzung".
Punkt	
Semikolon	
Komma	
Fragezeichen	
Ausrufezeichen	
Doppelpunkt	
Gedankenstrich	
Anführungszeichen	
Bindestrich	
Trennungszeichen	
Klammer	

2 Morphologie, Formenlehre

2.1 Wortbildung	
Wurzel	
Stamm	
Wortstock	
Wortausgang	Mit Wortstock bezeichnet man den unveränderlichen Teil des Wortes, mit Wortausgang den veränderlichen; *Wortstock/Wortausgang* ist nicht identisch mit *Stamm/Endung*, z.B. in der *o*-Deklination: Wortstock = *domin-* Wortausgänge sind *-us, -i, -o, -um;* Stamm dagegen = *domino-*, durch Antritt der Endungen *-s, -i, -ei* entstehen Formen, die sich zu *dominus* etc. entwickeln.

Ablaut

Endung

Präfix

Infix

Suffix

Wurzelwort — Die Flexionsendung tritt ohne Suffix unmittelbar an die Wurzel, z.B. *rex (reg-s), ag-o.*

abgeleitetes Wort — Die Wurzel wird durch ein Suffix/Suffixe erweitert, z.B. *fug-a,tog-a,vic-tor, vic-tr-ix.*

Kompositum, zusammengesetztes Wort — Das Wort enthält mehrere Wortstämme, *parti-ceps, magn-animus, in-sons, prae-nomen, per-ferre.*

2.2 Wortarten

flektierbar

nicht flektierbar

2.2.1 Substantiv — Der Ausdruck „Nomen" wurde bis zur Scholastik *nicht* gleichbedeutend mit „Substantiv" verwendet. Er umfaßte Substantive und Adjektive.

Deklination

Genus, pl. Genera
  Maskulinum
  Femininum
  Neutrum

Numerus, pl. Numeri
  Singular
  Plural
  (Dual) — nur noch in einzelnen Formen erhalten, z.B. *ambo* „beide"

Kasus, pl. Kasus
  Nominativ
  Genitiv
  Dativ
  Akkusativ
  Ablativ
  Vokativ
  Lokativ — nur noch in einzelnen Formen, nämlich bei den *a*- und *o*-Stämmen,mit dem Genitiv gleichlautend, erhalten, z.B. *domi* „zu Hause", *Romae* „in Rom".

2.2.2 —

2.2.3 Pronomen, pl. Pronomina

    substantivisch
    adjektivisch

    Personalpronomen
    Reflexivpronomen
    Demonstrativpronomen
    Possessivpronomen
    Interrogativpronomen
    Relativpronomen
    Indefinitpronomen

2.2.4 —

2.2.5 Numerale, Zahlwort

    Kardinalzahl

    Ordinalzahl

    Distributivzahl

    Multiplikativzahl

2.2.6 Adjektiv

    Komparation, Steigerung

        Positiv
        Komparativ
        Superlativ
        Elativ

Von Elativ spricht man, wenn eine Superlativform nicht verwendet wird, um auszusagen, daß ein Gegenstand die besagte Eigenschaft unter mehreren Gegenständen in höchstem Maße besitzt (= eigentlicher Superlativ), sondern wenn nur ausgedrückt werden soll, daß ein Gegenstand die besagte Eigenschaft in ungewöhnlich hohem Maße besitzt, z.B. *altissimus* „ungemein hoch".

2.2.7 Verb, Verbum

    Deponens, pl. Deponentien

Deponentien sind Verben mit passiver Form bei aktiver Bedeutung, z.B. *hortari* „ermahnen", *loqui* „reden".

Semideponens, pl. Semideponentien	Semideponentien sind Verben, die nur zum Teil deponentiale Formen bilden, z.B. *audeo* „ich wage", aber *ausus sum* „ich wagte".
defektives Verb	Defektive Verben sind Verben, die nicht in allen Stämmen oder nur in einzelnen Formen gebräuchlich sind, z.B. *odisse* „hassen" (nur Perfektformen), *inquit - inquam*.

unpersönliches Verb

Konjugation
  regelmäßiges Verb
  unregelmäßiges Verb

Tempusstamm
  Präsensstamm
  Perfektstamm
  Supinstamm

Personalendung

Tempuszeichen

finite Verbform, verbum finitum

infinite Verbform, Nominalform,
verbum infinitum
  substantivisch
    Infinitiv
    Supinum, pl. Supina
    Supinum I   z.B. *cubitum ire* „zum Schlafen gehen"
    Supinum II   z.B. *facile dictu* „leicht zu sagen"
    Gerundium
  adjektivisch
    Partizip Präsens Aktiv
    Partizip Futur Aktiv
    Partizip Perfekt Passiv
    Gerundivum

Person

Genus, pl. Genera (Diathese)
  Aktiv
  Passiv

Modus
  Indikativ
  Konjunktiv
    Konjunktiv Präsens
    Konjunktiv Perfekt
    Konjunktiv Imperfekt
    Konjunktiv Plusquamperfekt

Imperativ
Imperativ Präsens
Imperativ Futur

Der Imperativ Futur wird hauptsächlich in allgemeinen Vorschriften (Gesetzessprache) oder statt eines nicht vorhandenen Imperativ Präsens verwendet, z.B. *scito* (NICHT: *sci*) „wisse", häufig auch *esto* statt seltenerem *es* „sei".

Tempus, pl. Tempora

Präsens
Imperfekt
Perfekt
Plusquamperfekt
Futur
Futur I
Futur II

absoluter Tempusgebrauch,
Zeitstufe
Gegenwart
Vergangenheit
Zukunft

bezogener Tempusgebrauch,
Zeitverhältnis
gleichzeitig
vorzeitig
nachzeitig

Aktionsart, Sachverhaltsart
durative Verben
punktuelle Verben

z.B. *fugere* „fliehen", *sequi* „verfolgen"
z.B. *venire* „kommen", *intr*are „eintreten"

Aspekt („Sachverhaltssicht")
perfektiv
imperfektiv

Im Gegensatz zur Aktionsart bezeichnet Aspekt die Art, wie ein Vorgang im jeweiligen Kontext vom Sprecher gesehen wird. So kann etwa ein duratives Verb (*fugere*) perfektivische Formen bilden: *fugi* „ich bin geflohen" = „ich bin entkommen" (perfektiv) oder, aus dem zeitlichen Abstand heraus, Anfang und Ende des Vorgangs zusammenfallen (komplexiv). Oder ein punktuelles Verb bildet imperfektive Formen: *intrabam* „ich war dabei einzutreten" (linear) oder „ich versuchte einzutreten" (konativ) oder „ich trat mehrfach ein" (iterativ).

2.2.8 Adverb

Pronominaladverb

2.2.9 Präposition

2.2.10 Konjunktion

parataktisch (koordinierend,
beiordnend)
hypotaktisch (subordinierend,
unterordnend)
kopulativ (anreihend,
verknüpfend)
disjunktiv (ausschließend)
adversativ (entgegensetzend)
kausal (begründend)
konklusiv (folgernd)
korrelativ (korrespondierend,   z.B. *neque - neque* „weder - noch", *cum - tum*
„einander entsprechend")   „sowohl - als auch besonders"

2.2.11 Interjektion

2.2.12 —

3 Syntax, Satzlehre

3.1 Satzteil

Prädikat
finite Verbform (Vollverb)
Prädikatsnomen
Kopula

Subjekt

Objekt
direktes Objekt, Akkusativobjekt
indirektes Objekt, Dativobjekt

adverbiale Bestimmung,
Umstandsbestimmung
temporal
lokal
modal
kausal

Attribut

Apposition

Prädikativum, prädikatives (Zustands-)Attribut	Adjektive oder appositionelle Substantive, die ein Bezugswort nicht determinieren, sondern einen Zustand in Hinsicht auf die Verbalhandlung bezeichnen, z.b. *milites fessi redierunt*; nicht: „die müden Soldadaten kehrten zurück", sondern: „die Soldaten kehrten (als) müde zurück."

3.2   Satz

einfacher Satz
zusammengesetzter Satz

Parataxe, Koordination, Beiordnung
Hypotaxe, Subordination, Unterordnung

Satzreihe
Satzgefüge
Hauptsatz
Nebensatz
    innerlich abhängig
    nicht innerlich abhängig

Subjektsatz
Objektsatz

Adverbialsatz
    Temporalsatz
    Kausalsatz
    Konditionalsatz
        real
        potential
        irreal
    Konzessivsatz
    Konsekutivsatz
    Finalsatz
    Komparativsatz, Vergleichssatz

Attributsatz

Subordination ohne Subordinationswort	z.B. *postulabat captivos sibi dederent* („er forderte, ihm die Gefangenen auszuliefern")

Subordination mit
Subordinationswort

indirekter Fragesatz
Konjunktionalsatz

Relativsatz
  indikativisch
  konjunktivisch

Partizipialkonstruktionen
  Participium coniunctum
  Ablativus absolutus
  A c I (Akkusativus cum Infinitivo)
  N c I (Nominativus cum Infinitivo)

oratio recta, direkte Rede
oratio obliqua, indirekte Rede

Kongruenz

Wortstellung

Satzarten

  Aussagesatz
  Fragesatz
    Satzfrage
    Wortfrage
    Doppelfrage
  Aufforderungssatz
    Wunschsatz
    Befehlssatz
  Ausrufesatz

4 Bedeutungslehre

Bedeutung
  denotativ
  konnotativ

Oberbegriff
Unterbegriff

Synonym
Antonym
Homonym

Wortfeld
Sachfeld
Wortfamilie

Metapher

Lehnwort Fremdwort	Fremdwörter aus dem Griechischen sind z.B. *pharetra* „Köcher", *the(n)saurus* „Schatz"; Lehnwörter sind Fremdwörter, bei denen der fremde Ursprung nicht mehr empfunden wird, z.b. ebenfalls aus dem Griechischen (*porphyra*) lat. *purpura* „Purpur".

5   Sprachgebrauch und Text

Text
  Textsorte

Literatursprache
  prosaisch
  dichterisch
  archaisch

Umgangssprache

Amtssprache
  insbesondere Gesetzessprache

Russisch (R)

Gebräuchliche deutsche Fachausdrücke   *Gebräuchliche russische Fachausdrücke*

1 Aussprache, Rechtschreibung, Zeichensetzung
произношение, правописание, пунктуациа

1.1 Laut — звук

Anlaut	звук в начальной позиции слова
Inlaut	звук в позиции внутри слова
Auslaut	звук в конечной позиции слова

Vokal — гласный
 lang — долгий
 kurz — краткий

Diphthong — дифтонг

Konsonant — согласный
stimmhaft — звонкий
stimmlos — глухой
hart — непалатальный
weich — палатальный

1.2 Silbe — слог

betont — ударный
unbetont — безударный

1.3 Akzent — ударение

Wortakzent — словесное ударение
Satzakzent — фразовое ударение

fester Akzent — постоянное ударение
wechselnder Akzent — подвижное ударение

Hauptakzent — главное ударение
Nebenakzent — второстепенное ударение

Reduktion — редукция

1.4 Intonation — интонация

steigende Intonation — восходящая интонация
fallende Intonation — нисходящая интонация

Intonationstyp — интонационная конструкция

1.5	**Bindung**	**слияние**
	konsonantische Bindung	слияние согласных
	vokalische Bindung	слияние гласных
1.6	**Buchstabe**	**буква**
	groß	прописная
	klein	срочная
1.7	**Satzzeichen**	**знаки препинания**
	Punkt	точка
	Semikolon	точка с запятой
	Komma	запятая
	Fragezeichen	воспросительный знак
	Ausrufezeichen	восклицательный знак
	Doppelpunkt	двоеточие
	Gedankenstrich	дефис
	Anführungszeichen	кавычки
	Bindestrich	тире
	Trennungszeichen	знак переноса
	Apostroph	апостроф
	Klammer	скобка

2	**Wortlehre**	**учение о слове**
2.1	**Wortbildung**	**словообразование/ формообразование**
	Wortwurzel	корень слова
	Wortstamm	основа слова
	Wortendung	окончание слова
	Affix	аффикс
	Präfix	префикс
	Infix	инфикс
	Suffix	суффикс
	Postfix	постфикс
	abgeleitetes Wort	производное слово
	zusammengesetztes Wort	составное слово
2.2	**Wortarten**	**части речи**
	flektiertes Wort	изменяемое слово
	unflektiertes Wort	неизменяемое слово

2.2.1 Substantiv	имя существительное
Deklination	склонение
harte Deklination	твёрдое склонение
weiche Deklination	мягкое склонение
Genus	род
Maskulinum	мужской род
Femininum	женский род
Neutrum	средний род
natürliches Geschlecht	естественный род
Numerus	число
Singular	единственное число
Plural	множественное число
Kasus	падеж
Nominativ	именительный падеж
Genitiv	родительный падеж
Dativ	дательный падеж
Akkusativ	винительный падеж
Instrumental	творительный падеж
Präpositiv	предложный падеж
belebtes Substantiv	одушевлённое имя существительное
unbelebtes Substantiv	неодушевлённое имя существительное
Eigenname	имя собственное
2.2.2 Artikel	артикль
2.2.3 Pronomen	местоимение
als Nomen	местоимение-существительное
als Adjektiv	местоимение-прилагательное
als Adverb	местоимение-наречие
Personalpronomen	личное местоимение
Reflexivpronomen	возвратное местоимение
reziprokes Pronomen	взаимное местоимение
Demonstrativpronomen	указательное местоимение
Possessivpronomen	притяжательное местоимение
Interrogativpronomen	вопросительное местоимение
Relativpronomen	относительное местоимение
Indefinitpronomen	неопределённое местоимение
Negationspronomen	отрицательное местоимение
2.2.4 —	—

2.2.5 Numerale	числительное
Kardinalzahl	количественное числительное
Ordinalzahl	порядковое числительное
Sammelzahl	собирательное числительное
2.2.6 Adjektiv	имя прилагательное
flektiert	склоняемое
unflektiert	несклоняемое
Kurzform des Adjektivs	краткая форма прилагательного
Langform des Adjektivs	полная форма прилагательного
Komparation	степени сравнения
Grundstufe	положительная степень
Komparativ	сравнительная степень
Superlativ	превосходная степень
attributives Adjektiv	прилагательное в функции атрибута
prädikatives Adjektiv	прилагательное в функции предиката
adverbiales Adjektiv	обстоятельное прилагательное
2.2.7 Verb	глагол
Vollverb	знаменательный глагол
Hilfsverb	вспомогательный глагол
Modalverb	модальный глагол
Kopula-Verb	глагол-связка
transitives Verb	переходный глагол
intransitives Verb	непереходный глагол
reflexives Verb	возвратный глагол
unpräfigiertes Verb	беспрификсный глагол
präfigiertes Verb	префиксный глагол
Verb mit Präposition	глагол с предложным управлением
unpersönliches Verb	безличный глагол
perfektives Verb	глагол совершенного вида
imperfektives Verb	глагол несовершенного вида
paarige Verben der Fortbewegung	парные глаголы движения
Konjugation	спряжение
Stammform	основа глагола
stammbetonte Form	форма глагола с ударной основой
endungsbetonte Form	форма глагола с ударным окончанием
finite Verbform	личная форма глагола

infinite Verbform	неспрягаемая форма глагола
Infinitiv	инфинитив
Partizip	причастие
Verbaladjektiv	глагольное прилагательное
Partizip Präsens Aktiv	действительное причастие настоящего времени
Partizip Präsens Passiv	страдательное причастие настоящего времени
Partizip Perfekt Aktiv	действительное причастие прошедшего времени
Partizip Perfekt Passiv	страдательное причастие прошедшего времени
Langform des Partizips	полная форма причастия
Kurzform des Partizips	краткая форма причастия
Gerundium	деепричастие
Person	лицо
Aktiv	действительный залог
Passiv	страдательный залог
Modus	наклонение
Modalverben	модальные глаголы
Modalpartikel	модальные частицы
Indikativ	изъявительное наклонение
Konjunktiv	сослагательное наклонение
Imperativ	повелительное наклонение
Tempus	время глагола
Präsens	настоящее время
Präteritum	прошедшее время
Futur	будущее время
einfache Futurform	простая форма будущего
zusammengesetzte Futurform	сложная форма будущего
Zeitstufe	временной план
Gegenwart	временной план настоящего времени
Vergangenheit	временной план прошедшего времени
Zukunft	временной план будущего времени
Zeitverhältnis/Zeitenfolge	соотношение времён
Gleichzeitigkeit	одновременное действие
Vorzeitigkeit	предшествующее действие
Nachzeitigkeit	последующее действие
Aktionsart	способ глагольного действия

Aspekt	вид глагола
perfektiver Aspekt	совершенный вид
imperfektiver Aspekt	несовершенный вид
Aspektpaar	видовая пара
Aspektopposition	видовое противопоставление
Aspektbedeutungen des perfektiven Aspekts	видовые значения совершенного вида
konkret-faktische Bedeutung	конкретно-фактическое значение
Einmaligkeit der Handlung	значение однократности
summarische Bedeutung	суммарное значение
anschaulich-beispielhafte Bedeutung	наглядно-примерное значение
zeitliche Begrenzung der Handlung	ограничение действия во времени
Aspektbedeutungen des imperfektiven Aspekts	видовые значения несовершенного вида
Verlaufs- oder Prozessbedeutung	значение действия в его течении
allgemein-faktische Bedeutung	обобщённо-фактическое значение
Wiederholungsbedeutung	значение повторяемости
Annulierung der Handlung	значение аннулированности результата действия
Bezeichnung der Fähigkeit	значение качества способности
2.2.8 Adverb	наречие
2.2.9 Präposition	предлог
2.2.10 Konjunktion	союз
nebenordnende Konjunktion	сочинительный союз
unterordnende Konjunktion	подчинительный союз
2.2.11 Interjektion	междометие
2.2.12 —	—

3 Satzlehre   синтаксис

3.1 Satzglied   член предложения

Substantivgruppe	именное сочетание
Präpositionalgruppe	предложное сочетание
Verbalgruppe	глагольное сочетание
Prädikat	сказуемое
prädikative Ergänzung	объектный предикат
Prädikatsnomen	именная часть сказуемого
Prädikativ	предикативное определение
Subjekt	подлежащее
Objekt	дополнение
direktes Objekt	прямое дополнение
indirektes Objekt	косвенное дополнение
präpositionales Objekt	предложное дополнение
adverbiale Bestimmung	обстоятельство
temporal	обстоятельство времени
lokal	обстоятельство места
modal	обстоятельство образа действия
kausal	обстоятельство причины
konditional	обстоятельство условия
konzessiv	обстоятельство уступки
final	обстоятельство цели
des Maßes	обстоятельство меры и степени
Attribut	определение
Apposition	приложение

3.2 Satz   предложение

einfacher Satz	простое предложение
Ellipse, Kurzsatz	неполное предложение
komplexer Satz	сложное предложение
übergeordneter Satz	управляющее предложение
untergeordneter Satz	управляемое предложение
nebengeordneter Satz	сложносочинённое предложение
Satzreihe	сложносочинённое предложение
Satzgefüge	сложноподчинённое предложение
Hauptsatz	главное предложение
Nebensatz	придаточное предложение

Gliedsatz	подчинённое предложение
Objektsatz	дополнительное придаточное предложение
Adverbialsatz	обстоятельственное придаточное предложение
Temporal-	времени
Lokal-	места
Modal-	образа действия
Kausal-	причины
Konzessiv-	уступки
Final-	цели
Komparativ-	сравнительное
Prädikativsatz	сказуемое придаточное предложение
Attributivsatz	определительное придаточное предложение
indirekter Fragesatz	косвенный вопрос
Konjunktionalsatz	союзное предложение
Relativsatz	определительное предложение
Partizipialsatz	причастный оборот
Gerundialsatz	деепричастный оборот
Infinitivsatz	инфинитивное предложение
direkte Rede	прямая речь
indirekte Rede	косвенная речь
erlebte Rede	полупрямая речь
uneigentliche direkte Rede	несобственно прямая речь
aktuelle Satzperspektive	актуальное членение предложения
Kongruenz	согласование
Wortstellung	порядок слов
normale Wortfolge	прямой порядок слов
Inversion	обратный порядок слов
Verneinung	отрицание
Satzarten	типы предложения
Aussagesatz	повествовательное предложение
Fragesatz	вопросительное предложение
Entscheidungsfrage	общий вопрос
Ergänzungsfrage	частичный вопрос
Aufforderungssatz	побудительное предложение
Ausrufesatz	восклицательное предложение

4 Semantik, Bedeutungslehre

семантика

Bedeutung	значение
denotativ (Grundbedeutung)	основное значение
konnotativ (Nebenbedeutung)	добавочное значение
sprachliches Zeichen	языковой знак
Bedeutungsmerkmal	семантический признак
Oberbegriff	широкое понятие
Unterbegriff	узкое понятие
Synonym	синоним
Antonym	антоним
Homonym	омоним
Wortfeld	семантическое поле
Sachfeld	фактическое поле
Wortfamilie	словарное гнездо
Kontext	контекст
eigentliche Bedeutung	прямое значение
übertragene Bedeutung	переносное значение
Metapher	метафора
Erbwort	исконное слово
Lehnwort	заимствованное слово
Fremdwort	иноязычное слово

5 Sprachgebrauch und Text

языковой узус и текст

Sprechsituation	речевая ситуация
Sprechabsicht	интенция
Gesprächspartner	собеседник
gesprochene Sprache	устный язык/устная речь
geschriebene Sprache	письменный язык/письменная речь
Lautbild	звуковая оболочка
Schriftbild	письменная оболочка
Äußerung	высказывание
Text	текст
Textsorten	типы текстов
fiktional	фиктивный
nicht-fiktional	нефиктивный
Hochsprache/Literatursprache	литературный язык
Umgangssprache	разговорный язык, разговорная речь
funktionale Stile	функциональный стиль

Spanisch (S)

Gebräuchliche deutsche Fachausdrücke	Gebräuchliche spanische Fachausdrücke

1. Aussprache, Rechtschreibung, Zeichensetzung

Pronunciación, ortografía, puntuación

1.1 Laut — **el sonido**

Vokal	la vocal
offener Vokal	la vocal abierta
geschlossener Vokal	la vocal cerrada
Diphthong	el diptongo
Triphthong	el triptongo
Hiat	el hiato

Anmerkung: Ein Diphthong ist die Verbindung von zwei Vokalen zu einer Silbe; ein Hiat ist die Folge von zwei Vokalen, die verschiedenen Silben angehören. In bestimmten Fällen wird die Unterscheidung von Diphthong und Hiat durch die Akzentsetzung markiert, z.B. *el reino*, aber *reímos*.

Halbvokal	la semivocal
Halbkonsonant	la semiconsonante
Konsonant	la consonante
stimmhafter Konsonant	la consonante sonora
stimmloser Konsonant	la consonante sorda

1.2 Silbe — **la sílaba**

betonte Silbe	la sílaba tónica
unbetonte Silbe	la sílaba átona
	la sílaba acentuada
	la sílaba no acentuada

1.3 Akzent — **el acento (de intensidad)**

Wort mit dem Akzent auf	
der letzten/	la palabra aguda
der vorletzten/	la palabra llana
der drittletzten Silbe	la palabra esdrújula

1.4	**Intonation**	**la entonación**

steigende Intonation
fallende Intonation

la entonación ascendente
la entonación descendente

Tongruppe
(Lautfolge, die durch Sprechpausen
begrenzt ist, z.B. *Hace unos días //*
se marchó)

el grupo fónico

1.5 — —

1.6 Buchstabe **la letra**

großer Buchstabe
kleiner Buchstabe

la (letra) mayúscula
la (letra) minúscula

Akzent
Trema

el acento ortográfico, la tilde
la diéresis
(Der Terminus *la crema* wird
seltener gebraucht.)

Tilde

la tilde

1.7 Satzzeichen **los signos de puntuación**

Punkt
Semikolon
Komma
Fragezeichen
Ausrufezeichen
Doppelpunkt
Gedankenstrich
Anführungszeichen
Bindestrich
Trennungszeichen
Apostroph
Klammer

el punto
el punto y coma
la coma
los signos de interrogación
los signos de admiración
los dos puntos
el guión, la raya
las comillas
el guión
el guión
el apóstrofe
el paréntesis

2 Wortlehre **las palabras**

2.1 Wortbildung **la formación de (las) palabras**

Stamm
Endung
Präfix
Suffix

la raíz
la desinencia, la terminación
el prefijo
el sufijo

abgeleitetes Wort
(Traditionell: Wortbildung mit Hilfe
eines Suffixes, z.B. *cocinero, arbolito,*
cabezon, convalecer.)

la palabra derivada

zusammengesetztes Wort (Traditionell: Wortbildung mit Hilfe eines Präfixes oder durch die Verbin- dung selbständiger Wörter; z.B. _anti_natural, _sub_director, _ultra_sonido, pasatiempo, bocacalle, sordomudo descontento, quehaceres, enhorabuena.)	la palabra compuesta

2.2   Wortarten — **las partes de la oración**

2.2.1   Nomen, Substantiv, Namenwort, — el sustantivo
Hauptwort

Genus, grammatisches Geschlecht — el género
Maskulinum, männlich — el (género) masculino
Femininum, weiblich — el (género) femenino
Numerus — el número
Singular, Einzahl — el singular
Plural, Mehrzahl — el plural
Eigenname — el nombre propio

2.2.2   Artikel, Geschlechtswort — el artículo
bestimmter Artikel — el artículo determinado
unbestimmter Artikel — el artículo indeterminado

maskuliner Artikel — el artículo masculino
femininer Artikel — el artículo femenino
neutraler Artikel — el artículo neutro

2.2.3   Pronomen — el pronombre

Pronomen als Substantiv — el pronombre sustantivo
Pronomen als Adjektiv — el pronombre adjetivo
Personalpronomen — el pronombre personal

betontes Personalpronomen — el pronombre personal tónico,
la forma tónica del pronombre
personal,
la forma acentuada del
pronombre personal

unbetontes Personalpronomen — el pronombre personal átono,
la forma átona del pronombre
personal,
la forma inacentuada del
pronombre personal

neutrales Personalpronomen — la forma neutra del pronombre
personal

Reflexivpronomen — el pronombre reflexivo

Demonstrativpronomen	el pronombre demostrativo, el adjetivo demostrativo
Possessivpronomen	el pronombre posesivo, el adjetivo posesivo
Interrogativpronomen	el pronombre interrogativo, el adjetivo interrogativo
Relativpronomen	el pronombre relativo
Indefinitpronomen	el pronombre indefinido, el adjetivo indefinido

Alternative zu 2.2.2 und 2.2.3 (Zur Erklärung siehe F)

2.2.2 Begleiter, Determinant	el determinante
Artikel	el articulo
bestimmter Artikel	el articulo determinando
unbestimmter Artikel	el articulo indeterminando
Demonstrativbegleiter	el determinante demostrativo
Possessivbegleiter	el determinante posesivo
Interrogativbegleiter	el determinante interrogativo
indefiniter Begleiter	el determinante indefinido
Numeralbegleiter	el determinante numeral
2.2.3 Pronomen	el pronombre
Personalpronomen	el pronombre personal
betontes Personalpronomen	el pronombre personal tónico, la forma tónca del pronombre personal, la forma acentuada del pronombre personal
unbetontes Personalpronomen	el pronombre personal átono, la forma átona del pronombre personal, la forma no acentua- da del pronombre personal
neutrales Personalpronomen	la forma neutra del pronombre personal
Reflexivpronomen	el pronombre reflexivo
Demonstrativpronomen	el pronombre demostrativo
Possessivpronomen	el pronombre posesivo
Interrogativpronomen	el pronombre interrogativo
Relativpronomen	el pronombre relativo
Indefinitpronomen	el pronombre indefinido

2.2.4 —	—
2.2.5 Numerale	el numeral
Kardinalzahl	el numeral cardinal
Ordinalzahl	el numeral ordinal
2.2.6 Adjektiv	el adjetivo
Komparation, Steigerung	los grados de comparación, la gradación del adjetivo
Komparativ	el comparativo
Superlativ	el superlativo
attributives Adjektiv	el adjetivo atributivo
prädikatives Adjektiv	el adjetivo predicativo
2.2.7 Verb	el verbo
Hilfsverb	el verbo auxiliar
Modalverb	el verbo modal
Verbalperiphrase (Verbindung Hilfsverb - Infinitiv, Gerundium oder Partizip, z.B. *ir a escribir,deber (de) conocer, estar escribiendo, tener hecho*)	la perífrasis verbal
Kopulaverb	el verbo copulativo, la cópula
transitives Verb	el verbo transitivo
intransitives Verb	el verbo intransitivo
reflexives Verb	el verbo reflexivo, el verbo pronominal
unpersönliches Verb	el verbo impersonal
Konjugation	la conjugación
regelmäßiges Verb	el verbo regular
unregelmäßiges Verb	el verbo irregular
stammbetonte Formen	las formas acentuadas en la raíz
endungsbetonte Formen	las formas acentuadas en la desinencia
finite Verbformen, Personalformen	las formas personales
infinite Formen	las formas no personales
Infinitiv	el infinitivo
Partizip Perfekt	el participio
Gerundium	el gerundio
Person	la persona
Aktiv	la voz activa
Passiv	la voz pasiva

reflexives Passiv (Passivische Konstruktion mit reflexiver Verbform, z.B. *Se han suspendido las negociaciones.* *Se alquilan casas.*)	la pasiva refleja
Handlungsträger (beim Passiv)	el agente
Modus	el modo
Indikativ	el indicativo
Konditional	el condicional
Konjunktiv	el subjuntivo
Imperativ	el imperativo
bejahender Imperativ	el imperativo afirmativo
verneinender Imperativ	el imperativo negativo
Tempora	los tiempos verbales
—	el presente
—	el pretérito imperfecto, el imperfecto
—	el pretérito perfecto compuesto, el perfecto compuesto
—	el pretérito indefinido, el pretérito perfecto simple, el perfecto simple
—	el pretérito pluscuamperfecto, el pluscuamperfecto
—	el pretérito anterior
—	el futuro imperfecto, el futuro
—	el futuro perfecto
—	el futuro perifrástico, el futuro próximo
Konditional I	el condicional simple
Konditional II	el condicional compuesto
Zeit	el tiempo
Gegenwart	el presente
Vergangenheit	el pasado
Zukunft	el futuro
Aspekt (Gemeint ist die Opposition indefinido/imperfecto bzw. perfecto compuesto/imperfecto.)	el aspecto

2.2.8 Adverb	el adverbio
2.2.9 Präposition	la preposición
2.2.10 Konjunktion	la conjunción
nebenordnende Konjunktion	la conjunción coordinante
unterordnende Konjunktion	la conjunción subordinante
2.2.11 Interjektion	la interjección
2.2.12 —	—

3 Satzlehre — la sintaxis

3.1 Satzglied — el sintagma

Anmerkung: Gemeint ist eine Wortgruppe, die innerhalb eines Satzes
eine Einheit bildet; z.B.

Mi amigo = Nominalgruppe
ha alquilado una casa = Verbalgruppe
en Andalucía = Präpositionalgruppe

Nominalgruppe	el sintagma nominal
Präpositionalgruppe	el sintagma preposicional
Verbalgruppe	el sintagma verbal
Prädikat	el predicado

Anmerkung: Der Terminus „Prädikat"
kann im engeren Sinn für die Funktion
des finiten Verbs oder im weiteren Sinn
für das finite Verb einschl. Ergänzungen
verwendet werden, z.B.
Mi amigo estudia matemáticas.
(Prädikat im weiteren Sinn)
Mi amigo estudia matemáticas.
(Prädikat im engeren Sinn)

prädikative Ergänzung, Prädikativ, Prädikatsnomen	el atributo
prädikative Ergänzung zum Subjekt	el atributo (del sujeto)
prädikative Ergänzung zum Objekt	el atributo del complemento
Kopula	la cópula
Subjekt	el sujeto

Objekt	el complemento
direktes Objekt	el complemento directo
(z.B. *El niño come pan. El padre mira al niño.*)	
indirektes Objekt	el complemento indirecto
(z.B. *El padre compró caramelos a las niñas.*)	
Präpositionalobjekt	el complemento preposicional
(z.B. *Los niños jugaron al fútbol. Hablaban del cine.Acabó con su tarea.Creía en la ciencia.*)	

adverbiale Bestimmung, Umstandsbestimmung	el complemento circunstancial
– der Zeit; temporal	– de tiempo
– des Ortes; lokal	– de lugar
– der Art und Weise; modal	– de modo
– des Grundes; kausal	– de causa
– der Bedingung; konditional	– de condición

Attribut	el complemento del nombre,
Anmerkung: Das Attribut kann verschiedene Formen aufweisen; z.B.	el adyacente
la pobre mujer (Adjektiv)	
un café con leche (Präpositionalgruppe)	
el río Guadalquivir; Madrid, (la) capital de España (Nomen oder Nominalgruppe als Apposition)	
la noticias que hemos recibido (Relativsatz)	
No tiene sentido una cosa así (Adverb)	

Apposition	la aposición

3.2 Satz **la oración**

einfacher Satz	la oración simple
komplexer Satz	la oración compuesta

übergeordneter Satz, Hauptsatz	la oración principal
untergeordneter Satz, Nebensatz	la oración subordinada
nebengeordneter Satz	la oración coordinada, la oración yuxtapuesta

Subjektsatz	la oración sujeto
(z.B. *Es posible que venga. Me gusta que trabajes.*)	

Objektsatz	la oración complemento
z.B.: *Juan me dijo que no me marchara.*	
(direkter Objektsatz)	

Dieron un premio a quien se lo pidió.
(indirekter Objektsatz)
Me alegro de que hayas venido.
(präpositionaler Objektsatz).

Adverbialsatz	la oración adverbial
Temporalsatz	la oración temporal
Modalsatz	la oración modal
Kausalsatz	la oración causal
Konditionalsatz	la oración condicional
Konzessivsatz	la oración concesiva
Konsekutivsatz	la oración consecutiva
Finalsatz	la oración final
Adversativsatz	la oración adversativa
Vergleichssatz	la oración comparativa
Prädikativsatz	la oración atributiva, la oración copulativa
Attributivsatz	la oración atributiva
indirekter Fragesatz	la oración interrogativa indirecta, la interrogativa indirecta
Relativsatz	la oración de relativo
direkte Rede, wörtliche Rede	el estilo directo
indirekte Rede	el estilo indirecto
erlebte Rede	el estilo indirecto libre
Zeitenfolge	la concordancia de los tiempos
Kongruenz	la concordancia
Wortstellung, Satzgliedstellung	el orden de (las) palabras, el orden de colocación de los elementos de la oración
Verneinung	la negación
Satzarten	las modalidades oracionales
Aussagesatz	la oración enunciativa
Fragesatz	la oración interrogativa
Gesamtfrage, Ja/Nein-Frage	la oración interrogativa total, la interrogativa total
Teilfrage, Ergänzungsfrage	la oración interrogativa parcial, la interrogativa parcial
Aufforderungssatz	la oración imperativa, la oración exhortativa
Ausrufesatz	la oración exclamativa

4 Bedeutungslehre — la semántica

Bedeutung	el significado, el sentido
denotativ	el significado denotativo
konnotativ	el significado connotativo

sprachliches Zeichen	el signo lingüístico
semantisches Merkmal, Bedeutungsmerkmal	el rasgo semántico distintivo

(Die beiden zum Wortfeld *asiento* gehörenden Wörter *silla* und *taburete* unterscheiden sich z.B. durch das semantische Merkmal + *con respaldo*.)

Oberbegriff	el término genérico, el hiperónimo

Synonym	el sinónimo
Antonym	el antónimo
Homonym	el homónimo

Wortfeld	el campo semántico, el campo léxico

(z.B. *escuela – colegio – instituto – academia – liceo*)

Sachfeld	el campo asociativo, el vocabulario temático

(z.B. *escuela – alumno – profesor – libro – cuaderno – bolígrafo – escribir – estudiar – aprender – leer*)

Wortfamilie	la familia de palabras

(z.B. *escuela – escolar – escolaridad – escolarización*)

Kontext	el contexto

eigentliche Bedeutung	el sentido propio
übertragene Bedeutung	el sentido figurado
Metapher	la metáfora

feststehende Wendung	la frase hecha

Fremdwort	el cultismo

= Wort, das aus einer klassischen Sprache, insbesondere dem Latein, übernommen wurde und das nicht die normale lautliche Entwicklung mitgemacht hat, z.B. *delicado* (lat. *delicatum*), *plaga* (lat. *plaga*) (das Erbwort heißt *delgado* bzw. *llaga*)

el extranjerismo
= Wort, das aus einer modernen
Sprache entlehnt ist, z.b. *kirsch,*
bock (germanismo); *fútbol,club*
(anglicismo); *jardín, bufet,*
restaurante (galicismo).

5 Sprachgebrauch und Text

comunicación y texto

Kommunikationssituation	la situación de comunicación
Sprechabsicht, Redeabsicht, kommunikative Absicht	la intención comunicativa
Gesprächspartner	el interlocutor
gesprochene Sprache geschriebene Sprache	la lengua hablada la lengua escrita
Text Textsorte	el texto el tipo de texto, el género de texto
fiktionaler Text nicht-fiktionaler Text (Die spanischen Ausdrücke sind gängige, aber nicht unbedingt semantisch äquivalente Termini.)	el texto literario el texto no literario
Mundart, Dialekt	el dialecto
Sprachebene gehobene Ausdrucksweise familiäre Ausdrucksweise vulgäre Ausdrucksweise	el nivel de(l) lenguaje el lenguaje culto, literario el lenguaje familiar el lenguaje vulgar
Gruppensprache Fachsprache	la jerga el lenguaje especializado, el lenguaje científico, el lenguaje técnico

Gesamtübersicht

D Deutsch	E Englisch
F Französisch	I Italienisch
L Lateinisch	R Russisch
S Spanisch	

Gebräuchliche Fachausdrücke | *Verweise und Kommentare*

1 Aussprache, Rechtschreibung, Zeichensetzung

alle Sprachen

1.1 Laut

alle Sprachen

Anlaut	D, L, R
Inlaut	D, L, R
Auslaut	D, L, R
Vokal, Selbstlaut	alle Sprachen
Umlaut	D
Vokalquantität	L
lang	D, E, F, I, L, R
kurz	D, E, F, I, L, R
(Vokalqualität)	
offen	F, I, S
geschlossen	F, I, S
Monophthong	L
Diphthong, Zwielaut, Doppellaut	alle Sprachen
Triphthong	S
Hiat	S
Halbvokal	F, S
Halbkonsonant	F, S
Nasal	F
Nasalvokal	F
Nasalkonsonant	F
Knacklaut	F
Konsonant, Mitlaut	alle Sprachen
stimmhaft	D, E, F, I, R, S
stimmlos	D, E, F, I, R, S
hart	R
weich	R
stummes h	F
aspiriertes h	F

1.2 Silbe	alle Sprachen
offen	D, L
geschlossen	D, L
betont	alle Sprachen
unbetont	alle Sprachen
Silbenquantität	L
kurz	L
lang	L
1.3 Akzent, Betonung	alle Sprachen
Wortakzent	D, I, R
Satzakzent	D, L, R
fester Akzent	R
wechselnder Akzent	R
Hauptakzent	E, R
Nebenakzent	E, R
ebener Akzent	E (level stress)
Wort mit dem Akzent auf	
der letzten/	S (la palabra aguda)
der vorletzten/	S (la palabra llana)
der drittletzten Silbe	S (la palabra esdrújula)
Reduktion	R
1.4 Intonation, Satzmelodie, Stimmführung	D, E, F, I, R, S
steigend	D, E, F, I, R, S
fallend	D, E, F, I, R, S
Intonationstyp	R
Tongruppe	E (tone unit, tone group); F (mot phonétique, groupe rythmique); S (grupo fónico)
1.5 Bindung	E, F, R
konsonantische Bindung	F (liaison); R
vokalische Bindung	F (enchaînement); R
1.6 Buchstabe	D, E, F, I, R, S
großer Buchstabe, Großbuchstabe	D, E, F, I, R, S
kleiner Buchstabe, Kleinbuchstabe	D, E, F, I, R, S

Akzent	F (accent aigu, accent grave, accent circonflexe); I (accento acuto, accento grave,accento circonflesso); S
Trema	F, S
Cedille	F
Tilde	S

1.7 Satzzeichen — alle Sprachen

Punkt	alle Sprachen
Semikolon, Strichpunkt	alle Sprachen
Komma	alle Sprachen
Fragezeichen	alle Sprachen
Ausrufezeichen	alle Sprachen
Doppelpunkt	alle Sprachen
Gedankenstrich	alle Sprachen
Anführungszeichen	alle Sprachen
Bindestrich	alle Sprachen
Trennungszeichen	alle Sprachen
Apostroph, Auslassungszeichen	D, E, F, I, R, S
Klammer	alle Sprachen

2 Wortlehre, Formenlehre, Morphologie — alle Sprachen

2.1 Wortbildung — alle Sprachen

Wurzel, Wortwurzel	L, R
Stamm, Wortstamm	D, E, F, I, L, S
Wortstock	L
Wortausgang	L
Ablaut	D, L
Endung, Flexionsendung, Wortendung	E, F, I, L, R, S
nicht hörbar	F
Affix	R
Präfix, Vorsilbe	alle Sprachen
trennbar	D
nicht trennbar	D
Infix	L, R
Suffix, Nachsilbe	alle Sprachen
Postfix	R
Wurzelwort	L
abgeleitetes Wort	alle Sprachen
zusammengesetztes Wort, Kompositum	alle Sprachen

2.2 Wortarten	alle Sprachen
Strukturwort, Funktionswort	E
Inhaltswort	E
flektiert, gebeugt	D, E, R
unflektiert, nicht gebeugt	D, E, R
flektierbar	L
nicht flektierbar	L
2.2.1 Nomen, Substantiv, Hauptwort, Namenwort	alle Sprachen
Deklination, Beugung	D, E, L, R
harte Deklination	R
weiche Deklination	R
Genus, grammatisches Geschlecht	alle Sprachen
Maskulinum, männlich	alle Sprachen
Femininum, weiblich	alle Sprachen
Neutrum, sächlich	D, E, L, R
doppeltes Geschlecht	E
natürliches Geschlecht	R
Numerus, Zahl	alle Sprachen
Singular, Einzahl	alle Sprachen
Plural, Mehrzahl	alle Sprachen
(Dual)	L
Kasus, Fall	D, E, L, R
allgemeiner Kasus	E
Subjektkasus	E
Objektkasus	E
Nominativ, 1. Fall, Werfall	D, L, R
Genitiv, 2. Fall, Wesfall	D, E, L, R
Dativ, 3. Fall, Wemfall	D, L, R
Akkusativ, 4. Fall, Wen-/Wasfall	D, L, R
Ablativ	L
Vokativ	L
(Lokativ)	L
Instrumental	R
Präpositiv	R
belebtes Substantiv	R
unbelebtes Substantiv	R
zählbar	E
nicht zählbar	E
Eigenname	D, E, F, I, R, S

2.2.2 Artikel, Geschlechtswort	D, E, F, I, R, S
bestimmt	D, E, F, I, S
unbestimmt	D, E, F, I, S
maskuliner Artikel	S
femininer Artikel	S
neutraler Artikel	S
Teilungsartikel	F, I
partitives *de*	F
2.2.3 Pronomen, Fürwort	alle Sprachen
als Stellvertreter	D, I
als Substantiv, als Nomen, substantivisch, als Pronomen	E, F, I, L, R, S
als Begleiter	D, I
als Adjektiv, adjektivisch	E, F, I, L, R, S
als Adverb	E, F, R
Personalpronomen, persönliches Fürwort	alle Sprachen
betont	F, I, S
unbetont	F, I, S
unverbunden	F
verbunden	F
neutrales Personalpronomen	S
Reflexivpronomen, rückbezügliches Fürwort	alle Sprachen
reziprokes Fürwort	E, R
betonendes Fürwort	E
Pronominaladverb, Adverbialpronomen	F, I
Demonstrativpronomen, hinweisendes Fürwort	alle Sprachen
Possessivpronomen, besitzanzeigendes Fürwort	alle Sprachen
Interrogativpronomen, Fragefürwort	alle Sprachen
Relativpronomen, Bezugsfürwort, bezügliches Fürwort	alle Sprachen
Indefinitpronomen, unbestimmtes Fürwort	alle Sprachen
Negationspronomen	R

Alternative für D, E, F und S zu 2.2.2 und 2.2.3 (vgl. auch I)
(zur Erklärung siehe F)

2.2.2 Begleiter des Nomens, Determinator, Determinant	D, E, F, S
Artikel, Geschlechtswort	D, E, F, S
bestimmt	D, E, F, S
unbestimmt	D, E, F, S
Teilungsartikel	F
partitives *de*	F
Pronomen	D
Demonstrativpronomen, hinweisendes Fürwort	D, E
Demonstrativbegleiter	F, S
Possessivpronomen, besitzanzeigendes Fürwort	D, E
Possessivbegleiter	F, S
Interrogativpronomen, Fragefürwort	D, E
Interrogativbegleiter	F, S
Indefinitpronomen, unbestimmtes Fürwort, indefiniter Begleiter	D, E
	F, S
Numeralbegleiter	F, S
2.2.3 Stellvertreter des Nomens, Pronomen	D, E, F, S
Personalpronomen, persönliches Fürwort	D, E, F, S
betont	F, S
unbetont	F, S
verbunden	F
unverbunden	F
neutrales Personalpronomen	S
Pronominaladverb, Adverbialpronomen	F, I
Reflexivpronomen, rückbezügliches Fürwort	D, E, F, S
Demonstrativpronomen, hinweisendes Fürwort	D, E, F, S
Possessivpronomen, besitzanzeigendes Fürwort	D, E, F, S
Interrogativpronomen, Fragefürwort	D, E, F, S
Relativpronomen, Bezugsfürwort, bezügliches Fürwort	D, E, F, S
Indefinitpronomen, unbestimmtes Fürwort	D, E, F, S

2.2.4 Stützwort *one*   E

2.2.5 Numerale, Zahlwort   alle Sprachen

    Kardinalzahl, Grundzahl   alle Sprachen
    Ordinalzahl, Ordnungszahl   alle Sprachen
    Sammelzahl   R
    Distributivzahl   L
    Multiplikativzahl   L

2.2.6 Adjektiv, Eigenschaftswort, Wiewort   alle Sprachen

    flektiert   R
    unflektiert   R

    Kurzform des Adjektivs   R
    Langform des Adjektivs   R

    Komparation, Steigerung   alle Sprachen
      analytische Steigerung   E
      synthetische Steigerung   E

    Grundstufe, Positiv   D, L, R

    Komparativ, Vergleichsstufe   alle Sprachen
    Superlativ, Höchststufe   alle Sprachen
      absolut   I
      relativ   I
    Elativ   L

    attributives Adjektiv   D, E, F, I, R, S
    prädikatives Adjektiv   D, E, F, I, R, S
    adverbiales, adverbial gebrauchtes   D, F, R
    Adjektiv

2.2.7 Verb (Verbum), Tätigkeitswort, Zeitwort   alle Sprachen

    Vollverb   D, E, R
    Hilfsverb   D, E, F, I, R, S
    Modalverb   E, F, I, R, S
    Ersatzform des Modalverbs   E
    Verbalperiphrase   S

    Kopulaverb   E, F, I, R, S

    transitives Verb   E, F, I, R, S
    intransitives Verb   E, F, I, R, S

    reflexives Verb   D, E, F, I, R, S

    unpräfigiertes Verb   R
    präfigiertes Verb   R

Präpositionalverb, Verb mit präpositionalem Objekt, Verb mit Präposition	E, R
Partikelverb	E
Deponens	L
Semideponens	L
defektives Verb	L
unpersönliches Verb	F, I, L, R, S
perfektives Verb	R
imperfektives Verb	R
paarige Verben der Fortbewegung	R
Konjugation, Beugung	alle Sprachen
Stammform	D, R
regelmäßig	D, E, F, I, L, S
unregelmäßig	D, E, F, I, L, S
Tempusstamm	L
Präsensstamm	L
Perfektstamm	L
Supinstamm	L
Personalendung	L
Tempuszeichen	L
stark	E
schwach	E
stammbetont	F, R, S
endungsbetont	F, R, S
finite Verbform (Personalform, verbum finitum)	alle Sprachen
infinite Verbform (Nominalform, verbum infinitum)	alle Sprachen
substantivisch	L
adjektivisch	L
Infinitiv, Grundform	alle Verben
ohne *to*	E
mit *to*	E
Supinum	L
Supinum I	L
Supinum II	L

Partizip Präsens, Partizip I, Mittelwort der Gegenwart, Partizip Präsens Aktiv	D, E, F, I, L, R
Verbaladjektiv	F, R
Partizip Futur Aktiv	L
Partizip Perfekt, Partizip II, Mittelwort der Vergangenheit, Partizip Perfekt Passiv	D, E, F, I, L, S, R
Partizip Perfekt Aktiv	R
Langform des Partizips	R
Kurzform des Partizips	R
Gerundium	E, F, I, L, R, S
Gerundivum	L
Person	alle Sprachen
Genus (Diathese)	L
Aktiv	alle Sprachen
Passiv	alle Sprachen
reflexives Passiv	S
Handlungsträger (beim Passiv)	E, F, I, S
Modus	D, F, I, L, R, S
Modalverben	D, R
Modalpartikel	D, R
real	D
irreal	D
potential	D
Indikativ	D, F, I, L, R, S
Konditional, Bedingungsform	F, I, S
Konjunktiv	D, I, L, R, S
Konjunktiv I	D
Konjunktiv II	D
il congiuntivo presente	I
il congiuntivo passato	I
Konjunktiv Präsens	L
Konjunktiv Perfekt	L
Konjunktiv Imperfekt	L
Konjunktiv Plusquamperfekt	L
Subjonctif	F

Imperativ	alle Sprachen
bejahend	S
verneinend	S
Imperativ Präsens	L
Imperativ Futur	L
Tempus	alle Sprachen
Präsens, Gegenwart	D, I, L, R
present	E
présent	F
presente	S
Präteritum, Imperfekt, Vergangenheit	D, I, L, R
Perfekt	D, I, L
Plusquamperfekt	D, I, L
past	E
present perfect	E
past perfect	E
imparfait	F
passé composé	F
passé simple	F
plus-que-parfait	F
passé antérieur	F
Historisches Perfekt (passato remoto)	I
Historisches Plusquamperfekt (trapassato remoto)	I
(pretérito) imperfecto	S
(pretérito) perfecto compuesto	S
preterito indefinido, (pretérito) perfecto simple	S
(pretérito) pluscuamperfecto	S
pretérito anterior	S
Futur, Zukunft	D, L, R
Futur I	D, I, L
Futur II	D, I, L
future	E
future perfect	E
future in the past	E
future perfect in the past	E
futur simple	F
futur composé	F
futur antérieur	F

einfache Futurform	R
zusammengesetzte Futurform	R
futuro (imperfecto)	S
futuro perfecto	S
futuro perifrastico, futuro proximo	S
Konditional I	F, I, S
Konditional II	F, I, S
Zeit, Zeitstufe, absoluter Tempusgebrauch, Zeitverweis	D, E, F, L, R, S
Gegenwart	D, E, F, L, R, S
Vergangenheit	D, E, F, L, R, S
Zukunft	D, E, F, L, R, S
Zeitverhältnis, Zeitenfolge, bezogener Zeitgebrauch	D, L, R
Gleichzeitigkeit	D, L, R
Vorzeitigkeit	D, L, R
Nachzeitigkeit	D, L, R
Aktionsart, Sachverhaltsart	L, R
durative Verben	L
punktuelle Verben	L
Aspekt, Sachverhaltssicht	E, F, I, L, R, S
einfache Form	E
Verlaufsform	E
perfektiv, perfektiver Aspekt	L, R
imperfektiv, imperfektiver Aspekt	L, R
Aspektpaar	R
Aspektopposition	R
Aspekbedeutungen	R
– des perfektiven Aspekts: konkret-faktische Bedeutung; Einmaligkeit der Handlung; summarische Bedeutung; anschaulich-beispielhafte Bedeutung; zeitliche Begrenzung der Handlung	R
– des imperfektiven Aspekts: Verlaufs- oder Prozessbedeutung; allgemein-faktische Bedeutung; Wiederholungsbedeutung; Annulierung der Handlung; Bezeichnung der Fähigkeit	R

2.2.8 Adverb, Umstandswort	alle Sprachen
natürliches Adverb	E
abgeleitetes Adverb	E
Pronominaladverb	L
2.2.9 Präposition, Verhältniswort	alle Sprachen
2.2.10 Konjunktion, Bindewort	alle Sprachen
nebenordnend (parataktisch, koordinierend, beiordnend, gleichordnend)	alle Sprachen
unterordnend (hypotaktisch, subordinierend)	alle Sprachen
kopulativ (anreihend, verknüpfend)	L
disjunktiv (ausschließend)	L
adversativ (entgegensetzend)	L
kausal (begründend)	L
konklusiv (folgernd)	L
korrelativ (korrespondierend, „einander entsprechend")	L
2.2.11 Interjektion, Ausrufewort	alle Sprachen
2.2.12 présentatif	F (*voici, voilà*)

3   Syntax, Satzlehre   alle Sprachen

3.1 Satzglied, Satzteil	alle Sprachen
Nominalgruppe, Substantivgruppe	D, E, F, I, R, S
Präpositionalgruppe, präpositionaler Ausdruck	D, E, F, I, R, S
Verbalgruppe, Verbgruppe	D, E, F, I, R, S
Partizip als Satzglied	E
Gerundium als Satzglied	E
Infinitiv als Satzglied	E
Prädikat	alle Sprachen
finite Verbform (Vollverb)	L
ist-Prädikation	D
prädikative Ergänzung, Prädikativ, Prädikatsnomen	D, F, I, L, R, S
prädikative Ergänzung zum Subjekt, Subjektergänzung	E, F, S
prädikative Ergänzung zum Objekt, Objektergänzung	E, F, S

Prädikativ	R
Kopula, kopulatives Verb	D, F, I, L, S
Subjekt, Satzgegenstand	alle Sprachen
Vorsubjekt	E
Objekt, Satzergänzung	alle Sprachen
direktes Objekt	E, F, I, L, R, S
indirektes Objekt	E, F, I, L, R, S
Genitivobjekt, Satzergänzung im 2. Fall	D, I
Dativobjekt, Satzergänzung im 3. Fall	D, I, L
Akkusativobjekt, Satzergänzung im 4. Fall	D, L
Präpositionalobjekt, präpositionales Objekt	D, E, R, S
Umstandsbestimmung, adverbiale Bestimmung	alle Sprachen
– der Zeit; temporal	alle Sprachen
– des Ortes; lokal	alle Sprachen
– der Richtung; direktional	D, E
– der Art und Weise und des Mittels; modal	alle Sprachen
– des Grundes; kausal	alle Sprachen
– der Bedingung; konditional; Bedingungssatz, Konditionalsatz	D, E, F, R, S
– des wirkungslosen Gegengrundes, der Einräumung; konzessiv	D, E, F, R
– der Folge; konsekutiv	D, E, F
– des Zwecks; final	D, E, F, I, R
– des Gegensatzes; adversativ	D, E, F
– des Vergleichs; komparativ	D, E, F
– des Maßes	R
Attribut, Beifügung	alle Sprachen
Apposition, Beistellung im gleichen Fall	alle Sprachen
Prädikativum, prädikatives (Zustands-) Attribut	L

3.2	**Satz**	alle Sprachen
	einfacher Satz	alle Sprachen
	Kurzsatz, Ellipse	D, E, R
	komplexer Satz, Satzgefüge, zusammengesetzter Satz	alle Sprachen
	übergeordneter Satz, Hauptsatz	D, E, F, I, R, S
	untergeordneter Satz, Nebensatz	D, E, F, I, R, S
	nebengeordneter Satz	D, E, F, I, R, S
	Parataxe, Koordination, Beiordnung	L
	Hypotaxe, Subordination, Unterordnung	L

Satzreihe	D, L, R
Satzgefüge	D, L, R
Hauptsatz	D, E, F, I, L, R
Nebensatz	E, F, I, L, R
innerlich abhängig	L
nicht innerlich abhängig	L
Gliedsatz	D, E, F, R
Nominalsatz	E
Subjektsatz	D, E, F, I, L, S
Objektsatz	alle Sprachen
indirekter Aussagesatz	E
indirekter Fragesatz	E
indirekter Befehlssatz	E
indirekter Ausruf	E
Adverbialsatz	D, E, F, L, R, S
der Zeit; Temporalsatz	E, F, I, L, R, S
des Ortes; Lokalsatz	E, R
der Richtung; Direktionalsatz	E
der Art und Weise und des Mittels; Modalsatz	E, F, I, R, S
des Grundes; Kausalsatz	E, F, I, L, R, S
der Bedingung; Konditionalsatz	E, F, I, L, S
real	E, L
potential	E, L
irreal	E, L
des wirkungslosen Gegengrundes/der Einräumung; Konzessivsatz	E, F, I, L, R, S
der Folge; Konsekutivsatz	E, F, I, L, S
des Zwecks und Ziels; Finalsatz	E, F, I, L, R, S
des Gegensatzes; Adversativsatz	E, F, S
des Vergleichs; Komparativsatz	E, F, I, L, R, S
Prädikativsatz	D, F, R, S
Attributivsatz, Attributsatz	D, F, L, R, S
Subordination ohne Subordinationswort	L
Subordination mit Subordinationswort	L
indirekter Fragesatz	D, E, F, L, R, S
Konjunktionalsatz	D, L, R
Relativsatz	alle Sprachen
indikativisch	L
konjunktivisch	L
erweiternder Relativsatz	E
bestimmender Relativsatz	E

Partizipialsatz, Partizipialkonstruktion,	D, E, F, L, R
Partizip als Satzglied	
Participium coniunctum	L
Ablativus absolutus	L
Gerundialsatz	R
Infinitivsatz	D, F, R
AcI	L
NcI	L
Kontaktsatz	E
direkte Rede, wörtliche Rede, oratio recta	alle Sprachen
indirekte Rede, oratio obliqua	alle Sprachen
erlebte Rede	E, F, R, S
uneigentliche direkte Rede	R
Redeerwähnung	F
Redeerklärung	D, E, F
aktuelle Satzperspektive	R
Zeitenfolge	E, F, I, S
Kongruenz	alle Sprachen
Wortstellung, Satzgliedstellung	alle Sprachen
normale Wortfolge	R
Inversion	D, E, F, I, R
segmentierter Satz	F
Spaltsatz	E (cleft sentence)
Umschreibung	E
Kurzform	E
Langform, Vollform	E
emphatische Umschreibung	E
Hervorhebung	F
bejahter Satz	E
Verneinung; verneinter Satz	E, F, I, R, S
Satzarten	alle Sprachen
Aussagesatz	alle Sprachen
Fragesatz	alle Sprachen
Entscheidungsfrage, Gesamtfrage,	D, E, F, L, R, S
Ja/Nein-Frage, Satzfrage	
Ergänzungsfrage, Teilfrage, W-Frage,	D, E, F, L, R, S
Wortfrage	

Subjektfrage	E
Doppelfrage	L
angehängte Frage, Bestätigungsfrage	E
Intonationsfrage	F
est-ce que - Frage	F
Frage mit nachgestelltem Fragewort	F
absolute Fragestellung	F
Aufforderungssatz, Wunschsatz	alle Sprachen
Wunschsatz	L
Befehlssatz	L
Ausrufesatz	alle Sprachen

4 Semantik, Bedeutungslehre

alle Sprachen

Bedeutung	alle Sprachen
denotativ (Grundbedeutung)	alle Sprachen
konnotativ (Nebenbedeutung)	alle Sprachen
sprachliches Zeichen	D, E, F, I, R, S
semantisches Merkmal, Bedeutungs-merkmal	D, E, F, I, R, S
Oberbegriff	D, F, I, L, R, S
Unterbegriff	D, F, I, L, R
Synonym	alle Sprachen
Antonym	alle Sprachen
Homonym	alle Sprachen
Wortfeld	D, F, I, L, R, S
Sachfeld	D, F, I, L, R, S
Wortfamilie	D, F, L, R, S
Kontext	E, F, I, R, S
eigentliche Bedeutung	F, I, R, S
übertragene Bedeutung	D, F, I, R, S
Metapher	alle Sprachen
feststehende Wendung, Idiom	E, F, S
Erbwort	D, R
Lehnwort	D, E, L, R
Fremdwort	alle Sprachen

5 Sprachgebrauch und Text alle Sprachen

Sprechsituation, Kommunikationssituation, nicht-sprachlicher Kontext	D, E, F, I, R, S
Sprechabsicht, Redeabsicht, kommunikative Absicht	D, E, F, I, R, S
Gesprächspartner	F, R, S
gesprochene Sprache	D, E, F, I, R, S
geschriebene Sprache	D, E, F, I, R, S
Lautbild	F, R
Schriftbild	F, R
Äußerung	D, E, F, R
Text	alle Sprachen
Textsorte	alle Sprachen
fiktional	E, I, R, S
nicht-fiktional	E, I, R, S
Sprachvarietät	D, E, F
Mundart	D, F, S
Dialekt	D, E, F, I, S
Literatursprache	L, R
prosaisch	L
dichterisch	L
archaisch	L
Sprachebene	F, I, S
gehobene Sprache, Hochsprache	E, F, I, R, S
Standardsprache, Gemeinsprache, nicht-markierte Sprache	D, E, F
umgangssprachlich, Alltagssprache	D, E, F, I, L, R
familiär	F, I, S
vulgär	E, F, I, S
funktionaler Stil	R
Register	E, F
Gruppensprache	D, I, S
Sondersprache	D, I
Amtssprache	L
Gesetzessprache	L
Argot	F
Fachsprache	D, E, F, I, S